10万円からできる！お金の守り方教えます

香川健介
Kagawa Kensuke

二見書房

はじめに

この本を手にとっていただき、ありがとうございます。著者の香川健介と申します。

この本は、「起きる可能性がある日本の財政破綻とハイパーインフレに対し、どう備え、対策すればいいのか知りたい。また、日本の財政や社会保障、経済についても勉強したい」という方に向けた内容になっています。

この本を読むと、おカネをある程度持っている人はもちろん、おカネをあまり持っていない人でも資産防衛対策ができます。

また、経済や財政に詳しくない人でも理解できるよう、できるかぎりわかりやすく書きました。

なお、本書は、**「今すぐ財政破綻が起きる！」という危機を煽る本ではありません**し、その逆の**「財政破綻は起きない。日本は大丈夫」といった本でもありません**。

あくまで、「日本が財政破綻するかはわからないものの、可能性はゼロではない。準備しすぎる必要はないが、万が一に備え、ある程度のことは今のうちにしておいたほうがいい」という考えに基づき、なるべく冷静に、かつ力をこめて書きました。

いうまでもなく、日本は、すばらしい国です。

きれいな街に、良心的な人々。食事は美味しく、景色はきれいです。

平均寿命も、世界一を争うレベルにまでなりました。

治安もよく、平和で、どちらかというとおだやかな日々を送る人が多いです。

もし昔の人がいまの日本を見たら、天国か、理想郷のように思うかもしれません。

しかし、このすばらしさの裏には、１０００兆円を超える政府の借金があります。

普段はぜんぜん意識していませんが、間違いなく存在します。

借金すれば、誰だってよい生活ができます。

お金のない人でも、うまく借金できれば、そのときは豪遊できます。

日本のすばらしい生活は、この借金によって維持されています。

もちろん、いまの日本のすばらしさを作ったのは借金だけではありません。

偉大な先人の努力や、私たちひとりひとりの日々の奮闘も、今のすばらしい日本を作っています。

ただ、すさまじい額の借金が、いまのすばらしい日本を作ってきた原動力の一つであることも、また事実なのです。

では、私たちはこれからもずっと、借金を意識せずに暮らしていけるのでしょうか。いまのおだやかな日常は、このままずっと続くのでしょうか。

続くと思う人も、続かないと思う人も、その根拠を十分に説明できるでしょうか。

もし仮に現状が続かなかった場合、どんなことが起きるのでしょうか。

そのとき、私たちひとりひとりは、どう行動すれば時代の荒波をのりこえていけるのでしょうか。

この本では、これらの疑問について、できるかぎり有用な情報をお伝えしていきたいと考えています。

本題に入る前に、私の簡単な自己紹介と、この本を書いた背景を申し上げたいと思います。

私はもともと、財政や社会保障はもちろんのこと、日本の行く末とかそういったことには、まったく関心がありませんでした。

高校生のころは、「政府の借金はヤバイらしい。自分が老後になったら年金もらえないのかな……」とうっすら考えたことがある程度で、とくに興味があったわけではありません。

運よく東京大学に入ることができたものの、入学後、とくに何にも情熱を持てず、ただぼんやりと日々をすごしていました。

そんな私に変化をもたらしたのは、大学生のときの議員インターンシップ経験です。小池百合子氏の事務所でおこなわれていた学生向けのインターンシップに、たまたま参加することになったのです。

1ヶ月に約2回、合計で1年間ほど、事務所に通っていました。

事務所では、おもに秘書の方々のお手伝いをしていました。

この経験を通して、それまでまったく興味のなかった日本の行く末に、私は深い関心を持つようになりました。

とくに、財政や社会保障制度といったものに興味を抱き、勉強をするようになりました。勉強を進めるなかで、「これは本当にまずい。この現状をなんとか改善させたい。そのために、国家公務員になり、なかから現状の改善をおこなおう」と考えるようになり、国家公務員になることに決めました。

（なお、小池氏本人には一度か二度くらいしかお会いしたことはありません。おそらく、私のことは覚えていないと思います）

その後、運よく国家公務員試験に合格することができ、私は霞ケ関のとある役所で働きはじめます。

なかに入って見る日本の財政や社会保障制度は、予想していた以上にひどいものでした。他省庁の人を含めいろんな人に話を聞きましたが、霞ケ関でこれらの問題や日本の将来に明るい展望を持っている人は、ほとんどいなかったことを記憶しています。

私自身も働くなかで「これから日本はいったいどうなるんだろう」と、日本の行く末について、大変不安に感じるようになりました。

また、仕事も大変忙しいものでした。

初日に経験した忘れられないエピソードを一つご紹介します。

役所に入った初日。どきどきしながら仕事をはじめます。

ようやく、定時になりました。

でも、部署の先輩がたは、誰ひとりとして帰る準備をしません。

「今日は忙しいから、19時頃に終わるのかな?」と思ったものの、19時を過ぎても部署の先輩がたは誰も帰る様子がありません。全員、ひたすら仕事をしています。

不思議に思いつつ、20時、21時と時間が過ぎていきました。それでも、誰も帰りません。あいかわらずみんな仕事をしています。

時計の針が23時をさしたころ、ようやく部署の先輩が「お疲れさま。今日は初日だから、早く帰っていいよ」といいました。

その言葉どおり、次の日からは終電帰りが日常になりました。

おそらく、この先輩の言葉は一生忘れないでしょう。

念のため、先輩の名誉のためにいっておくと、部署の先輩がたは、たいへん仕事熱心であるのはもちろん、人柄も優しく親切な方ばかりでした。私は先輩がたのことをとても尊敬していましたし、大好きでした。

ただ、そんな人たちが、サボっているわけでもないのに、どうしてこれほどまでに遅くまで働かざるをえないのだろう……という疑問は、今に至るまでぬぐえません。

とにかく仕事量が多く、目の前の仕事を片づける必要があるのです。

これによって、たとえば「どうしたら財政を再建できるのか」とか「社会保障をどうするか」といったことを考えたり行動したりする余裕は、ほとんどありません。

他省庁の人に聞いても、状況は似たようなものだとのことでした。

どこの役所も、とにかく目の前の仕事が多すぎて、問題を根本から解決したり、解決方法についてゆっくり考える余裕が失われているようでした。

私はしだいに、「役所にいても、日本の財政問題や社会保障問題は解決できないだろう」

と考えるようになりました。

身体を壊しかけたこともあり、私は退職することになります。先輩がたや同僚は皆とてもよい人ばかりだったので、内心、忸怩《じくじ》たる思いがありました。

その後、私は金融機関に転職し、アナリストやトレーダーなどの仕事をするようになりました。

投資家の立場で、日本の経済や社会を俯瞰する経験を積むなかで、公務員時代に抱いた「現状のままだと、財政や社会保障制度は大変なことになる。なんとかしたい」という思いが、さらに強まっていきました。


このような経験から、**日本の財政や社会保障問題を広く伝え、少しでも改善させていくことを、自分のライフワーク**にしようと考えるようになりました。

手始めに、まわりの人に財政や社会保障の問題点を伝えようとしたものの、残念ながら、あまり話を聞いてくれる人はいませんでした。

財政や社会保障の話はそもそも小難しく、また私の話術力不足もあって、皆さん、私の話をつまらなそうに聞いていました。

しかし、「日本は財政破綻する可能性がある。それにどのように備えることができるのか」

という話と組み合わせると、驚くほど多くの人が話を聞いてくれるようになりました。たんに財政の話をするだけではなく、資産防衛の方法などと組み合わせて話すことで、財政や社会保障の話についても興味を持ってもらえたのです。

これは私にとって、目からウロコでした。

身の回りの人にこのような話をしているなかで、「自分の身の回りのみならず、資産防衛について、もっと世に広く伝えたい。財政危機がまだ起きていない今のうちに、ごく一部の会社やお金持ちだけではなく、少しでも多くの方に対応策をお伝えし、未来の日本を少しでも明るいところにしたい。それを通して、財政や社会保障のことも、もっと広く知ってもらいたい」という思いが生まれました。

今後は、資産防衛の方法や、財政や社会保障、経済など、幅広い情報を世の中に発信していこうと考えています。

本書は全部で4章あります。

各章の大まかな内容は、次のとおりです。

第1章**「日本の財政問題が解決不可能である理由」**では、日本の財政の現状を、社会保障の観点からわかりやすく説明します。

この章を読むと、日本の財政問題のおもな原因が少子高齢化による社会保障制度の歪みであること、この問題の解決はおそらく不可能だということをご理解いただけると思います。

(「日本の財政難の原因が社会保障であること、解決はたぶん不可能であることは、もう理解している」という方は、第1章は飛ばし、第2章や第3章から読んでいただいてもOKです)

第2章**「財政破綻の想定シナリオ」**では、日本国債の観点から、日本の財政が今後どうなるかを想定します。

過去に財政破綻した国家の例を出しながら、実際に日本が財政破綻したらどうなるのかを、日本国債を見ながら考察していきます。

この章を読むと、「日本が財政破綻するかはわからないものの、可能性はゼロではない。準備しすぎる必要はないが、万が一に備え、ある程度のことは今のうちにしておいたほうがいい」ということが、ご理解いただけると思います。

第3章**「日本の財政破綻に備え、どう対策をしたらいいのか」**は、資産防衛策について解説した章です。

章のタイトルどおり、「日本の財政破綻と、起きる可能性のあるハイパーインフレーションに備え、どう対策をしたらいいのか」というテーマのもと、前提となる考え方や、具体的な資産防衛方法をご紹介します。

第4章**「いざというときに機動的に動けるよう、今やっておくべきこと」**は、第3章の内容のうち、とくにおすすめする方法を、具体的にどう実践するか解説します。

手前味噌かもしれませんが、値段以上の価値のある本だという自信を持っています。読者の方のため、少しでもお役に立てましたら幸いです。

（とはいえ、本の価値は読む人それぞれによって違うので、人によっては「買ったけど価値がなかった」と思うかもしれませんが……。もしそんな方がいらっしゃったら謝ります）

また、「ここがよくわからないので教えてください」などのご質問や、「ここが間違っていると思うので直したほうがいいのでは」などのご意見、「ここは面白かったです」などのご感想、「こんな面白い情報がありますよ」などの情報提供などございましたら、こちら巻末の「あとがき」にある連絡先までお気軽にご連絡いただけたらと思います。

（※備考）

本書の内容は、２０１７年の春時点のものになります。たとえば、これから予期せぬ制度変更や世界経済の激動が起きるなど、執筆時点とは状況が変わってしまい、内容が実態にそぐわなくなる可能性があります。

また、本書は内容に間違いがないよう細心の注意を払っております。とはいえ、何か勘違いしている箇所や、出版後に誤りが見つかる可能性は否定できません。

修正箇所などが見つかった場合、こちらのページにて、随時、該当箇所を更新していこうと考えております。

https://zaiseihatan.com/update/

はじめに……2

第1章 日本の財政問題が解決不可能である理由

◆日本の財政の現状……23
◆財政はどうしてこうなった……31
◆生年別の受益と負担……37
◆知っておいてほしい前提知識……39
◆社会保障給付は全体でどれくらい？……44
◆日本政府が予想する今後の社会保障……49
◆日本の財政問題は解決するのか？……54
◆2020年を境に、急速に悪化していく……59
◆いくつかの改善案……62

❶富裕高齢者から貧しい高齢者への、高齢者内でのお金の再分配……62
❷スウェーデンのように増税して社会保障も充実させる……67
❸医療介護のサービス提供コストを下げる……73
❹若者が立ち上がって行動する……75
❺強い政治家が出てくることに期待する……80
❻現状をきちんと高齢者に説明し、もっと社会保障費を負担させるか、削減に同意させるかする……81
◆高齢者側からの反論……86
❶みんないずれは高齢者になるので、働き盛りはもっとお金を払い、高齢者を支えるべきである……86
❷高齢者は全然優遇されてないと思う。私は高齢者だが、年々いろいろ削られきびしくなってきている……87
❸これまでたくさん納税してきたから受け取るのは当然である……89
❹年金や医療をカットしたら死んでしまう。それは基本的人権の侵害なのでは……91

結論 日本の財政・社会保障問題の解決は不可能。個々人で財政破綻対策をするべき……92

第2章 財政破綻の想定シナリオ

◆国債が売られると金利が上がるのはなぜか、直感的に説明する……99
◆ソ連崩壊と、その後のロシアの財政破綻……112
◆日本の財政はなぜこれまで安定してきたのか……122
❶日本国債が買われつづけていること……122
❷国債が国内で消化されていること……123
❸日本の経常収支が黒字で、対外純資産も多いこと……124
◆日本の財政は今後も安定しつづけるのか……126
❶日銀は国債を永遠に買いつづけることができない……127
❷国債の売買市場には外国人も参加している……130
❸すでに国債を持っている日本の金融機関が売る可能性もある……131
❹歴史を見ても、国債を国内で消化していた国が財政破綻した例がある……132

❺ 貯蓄率がマイナスになり、経常収支が赤字になる可能性もある ……133
❻ 国債の格付けが下がる可能性がある ……134
◆「日本の財政は大丈夫だ！」という一部の評論家の方々が間違っている点 ……136
彼らの主張例① 日銀は政府の子会社のようなものである。日銀の資産を政府のバランスシートに連結させたら、政府の債務はなくなる ……137
彼らの主張例② マイナス金利のうちに国債を発行し、日銀に買わせつづければ、政府にとってプラスである ……137
彼らの主張例③ 政府は資産をたくさん持っているから、それを売れば財政破綻することはない ……139
彼らの主張例④ 大規模な金融緩和をすると経済成長するので、それだけで財政再建は達成できる ……141
彼らの主張例⑤ 純債務で見たら日本の財政は問題がない ……143
◆ヘリコプターマネーで財政危機を回避できるのか？ ……144
◆実際に財政破綻したら、何が起きるのか ……148
❶ 年金・医療・介護を中心とする社会保障制度が崩壊する ……148

❷国債を持っている金融機関が大赤字になる……150
◆ハイパーインフレーションの発生……152
❶猛烈な円安が起きる……153
❷年金生活者や預金生活者は地獄を見る……153
❸政府の債務負担は軽くなる……154
❹デノミが起きる……156
❺外国とつながりのある人が金持ちになる……157
❻酒や麻薬がよく売れる……157
❼資産課税（財産税）や部分的な預金封鎖を食らう可能性がある……158
結論　準備しすぎる必要はないが、ある程度のことはしておいたほうがいい……162

第3章　日本の財政破綻に備え、どう対策したらいいのか

◆前提となる考え方……168

❶勉強と下準備をしておく 168
❷外貨建ての資産を使うのが基本 169
❸いくつかの財政破綻対策をおこなう。一つに集中させず、分散させる 172
❹財政破綻対策する資産は、少なくとも最初は、全資産のうちごく一部にする 173
❺まわりの人を大事にする 174
❻健康に気を使う 176
❼あせって価値の低い金融商品を買わない 176
◆外貨預金 177
◆金（ゴールド） 180
◆FX（外国為替証拠金取引） 183
◆ビットコイン 187
◆固定金利の借金 193
◆田畑 194
◆海外移住 195

◆国内不動産……196
◆海外不動産……200
◆日本株……202
◆投資信託……204
◆インデックスファンド……207
◆日本国債のショート（空売り）……209
◆日本円の現金・預金……210
◆ロボアド（ロボットアドバイザー）……211
column 楽して儲かる系の話はほぼ100％詐欺……217

第4章 いざというときに機動的に動けるよう、今やっておくべきこと

◆なぜアメリカなのか……224
◆資産がある程度ある人向けの資産防衛法……233
ユニオンバンクの口座開設方法……233

(1) 三菱東京UFJ銀行に口座を作る …… 236
(2) ユニオンバンクの口座開設資料を取り寄せる …… 237
(3) 郵送されてきた申込書に記入し、郵送する …… 238
(4) ユニオンバンクから資料が届くので、オンラインバンキングの設定をおこなう …… 239
(5) ユニオンバンクに海外送金する …… 242
金（ゴールド）の購入 …… 243
ビットコインの購入方法 …… 253
◆資産がまだあまりない人向けの資産防衛法 …… 257
FX …… 257
◆為替・ドル円・ドルについて直感的に理解する方法 …… 260
column 「経済成長している国の通貨は上がる」というのは間違いであり、インフレは通貨の価値を減らす …… 267
あとがき …… 270

第1章

日本の財政問題が解決不可能である理由

※「日本の財政がヤバイことはもうわかってる」という方は、第1章は飛ばし、第2章や第3章から読んでいただいてもＯＫです

財政破綻やハイパーインフレーションについて考察したり、「日本って財政破綻するの？しないの？」という議論をする前に、まず日本の財政の現状を、ざっくりと説明します。

もしかしたら、「財政か……。なんか数字がいっぱいでてきて難しいんじゃないか……？」と思うかもしれません。

でも、心配しないでください。

本書は、財政や経済にあまり詳しくない人でも読めるように書いています。なるべく堅苦しくならないよう、できるかぎり数字を使わず、丁寧に、わかりやすく説明します。

こうしたのは、財政の前提知識が、あとの章で説明する財政破綻やハイパーインフレーションへの対策を理解するために必要だからです。

自分の資産を財政破綻から守るためには、未来の日本がどうなっているのか考えることが必要になります。

古の賢人たちがいうとおり、未来は過去と現在の延長線上にあります。ですので、未来のことを考える場合、現状を知り、どうして今のような現状になっているか考えることは、とても意義があるのです。

とくに重要な点は、何度も繰り返したので、人によっては「くどいな……」と思うかもしれません。

もしそう感じたら、最初に謝っておきます。申し訳ありません。

（財政はある程度詳しいという方は、既知の箇所をなめ読みしながら読むと、時間の節約になるでしょう）

では、さっそくいってみましょう！

日本の財政の現状

さて、突然ですが、クイズです！

Q：日本政府の1年間の予算はだいたい100兆円で、内訳は多い順に次のようになっています。

一番大きい32兆円の（　　　）に入るのは、どんな予算でしょうか？

（　　）：32兆円
国債費：24兆円
地方交付税交付金：15兆円

選択肢は、次の3つです。

①公共事業
②防衛費
③社会保障費

正解は、③社会保障費です。これは年金・医療・介護のお金ですね。社会保障関係の費用が一番多く、32兆円を占めています。

（なお、「①公共事業」は道路や建物を作るお金で、だいたい6兆円です。「②防衛費」は自衛隊にかかるお金で、およそ5兆円です。公共事業や防衛費の金額は、覚える必要はありません。い

まのところは、「日本政府は社会保障にものすごくたくさんお金を使っている」と覚えておいてください）

ここからは、もう少し詳しく、日本の財政の現状を見てみましょう。

図1は、日本政府が抱えている借金の金額の推移です。

この借金は、中央省庁に加え、地方自治体、いわゆる県庁や市役所などの借金の分もあわせたものです。

ぜんぶひっくるめると、2016年度には、合計で1062兆円になります。だいたい1000兆円ちょいだと覚えておいてください。

では、どうしてこんなにたくさん借金が

図1：日本政府が抱える借金の推移

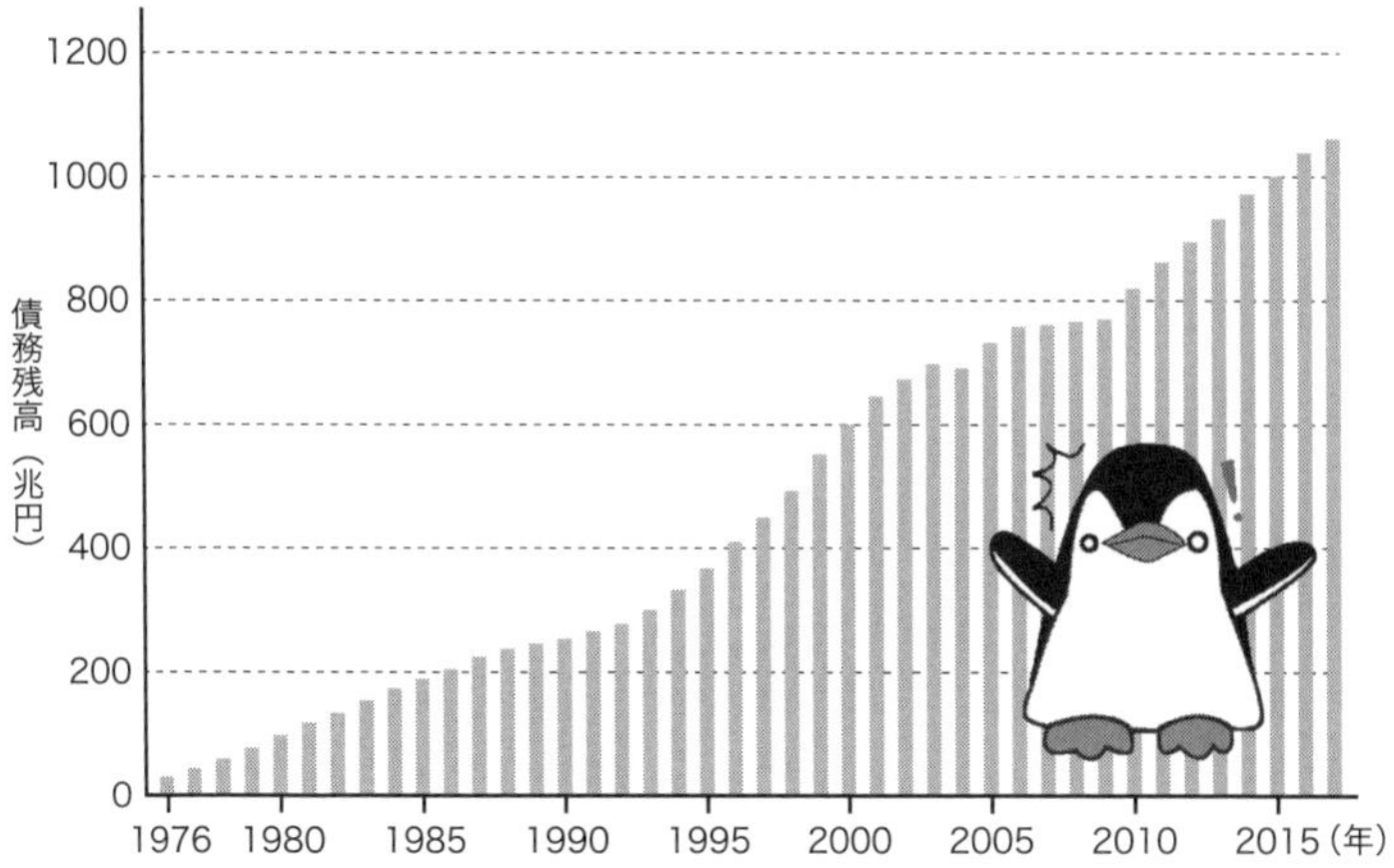

（出典：財務省「我が国の財政事情」平成27年12月より筆者作成）

あるのでしょうか?

その前にまず、2016年度の日本の予算を見てみましょう。

2016年度の日本の一般会計の予算は96・7兆円です。一般会計とは、日本政府のメインの予算だと考えておいてください。

ざっくり、だいたい100兆円くらいだと考えておくと覚えやすいです。ものすごい金額ですね。

じゃあ100兆円もなんに使ってるんだ? というと、その内訳は次のようになります。

社会保障:32兆円
国債費:24兆円
地方交付税交付金:15兆円
公共事業:6兆円
文教および科学振興:5兆円
防衛費:5兆円
その他:残り

このうち、本書でとりあげるのは、社会保障と国債費の2つです。

この、社会保障の32兆円と、国債費の24兆円だけ、数字を覚えておいてください。

それ以外の数字は覚えなくてOKです。

では、それぞれについて説明しましょう。

社会保障とは、年金・医療・介護関係の支出です。これが、最大の項目となっています。

これが最大の項目となった理由を一言でいうと、高齢化です。

日本は高齢化が進んでおり、人口に占めるおじいさん・おばあさんなど、65歳以上の高齢者の割合が増えています。

図2は、日本の人口に占める65歳以上の

図2：日本の人口に占める高齢者の割合の推移

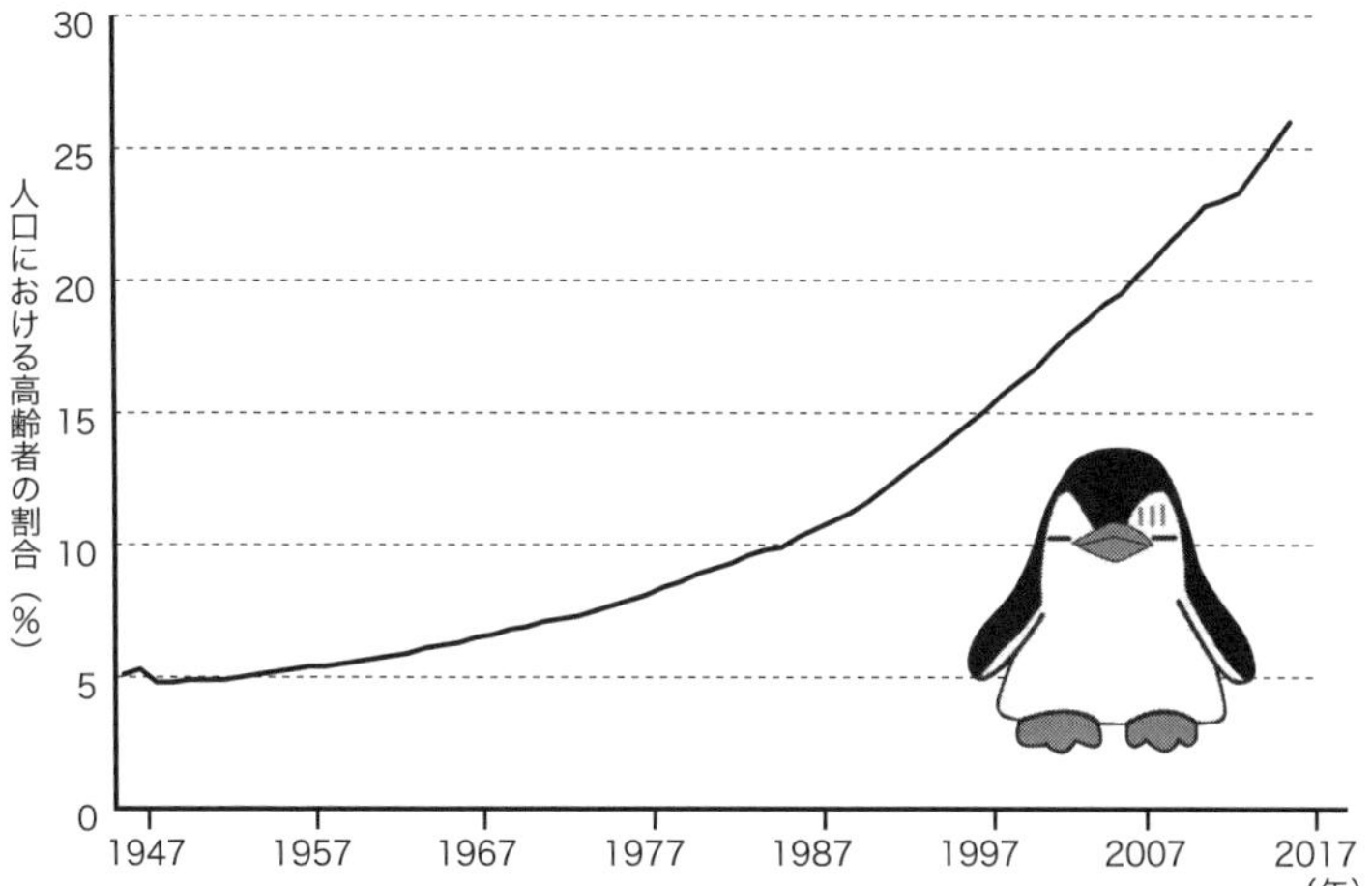

（出典：総務省「国勢調査」及び「人口推計」、厚生労働省「人口動態調査」より筆者作成）

高齢者の割合の推移です。

１９５０年には人口の５％が高齢者でしたが、２０１０年には人口の20％以上が高齢者になりました。ちなみに、直近の２０１５年は、日本の人口のおよそ26％が高齢者です。

高齢者は年金をもらうし、病気になりやすいので病院はよく行くし、身体が動きにくくなるので介護サービスもたくさん使います。

そうなると、年金・医療・介護などに、いっぱいお金がかかるようになります。

しかし、これらのお金は高齢者が全額払っているのではありません。

たとえば日本の年金は賦課《ふか》方式であり、現役世代の人が高齢者に仕送りする形になっています。

医療だったら、本来かかる金額の７割以上は政府が補助しています。

これらのお金の原資は税金や保険料、国債などです。

つまり、政府は高齢者が使う年金や医療介護などのお金を、税金や保険料、国債発行で集めている、ということです。

これらをおもに払っているのは、働き盛りの人や子育て世代などの現役世代や、まだ生まれていない人たちなどです。

ですので、高齢者がたくさん使えば使うほど、現役世代の人たちは、税金や保険料を納めることになります。

ちなみに、国立社会保障・人口問題研究所の「社会保障費用統計　２０１４年度版」によると、社会保障給付全体のうち、大体70％くらいの予算が高齢者向けだということがわかっています。

その結果、社会保障にかかるお金は昔は少なかったものの、今は32兆円と、堂々の１位になりました。

これは少子高齢化が原因です。

国債費とは、日本政府が発行している日本国債関係の費用です。いまひとつピンとこない人は、ア○ム・プ○ミス・アイ○ルのようなサラ金でお金を借りる人の姿をイメージしてください。

サラ金でお金を借りると、「○○日までに返します」という誓約書を出します。そして、借りた額に利子を上乗せして返済することになります。

このサラ金でお金を借りている人の国家版が、日本政府だとイメージしてください。

もちろん、利子はサラ金よりはずっと低いですし、国家の借金である点や、国債の大半が国内で消化されている点などもサラ金とは違います。ただ、日本政府の借金は１０００

兆円以上あります。めちゃくちゃでかい金額なので、利子がすごく低くても、数兆円のお金がかかってしまいます。この利払いに苦しんでいる点は、サラ金で借りている人と日本政府はよく似ています。

また、国債は償還するときにお金がかかります。償還は債券の額面金額を返済することですが、金融の知識がそこそこないといまいちイメージしづらいと思うので、とりあえず現時点ではお金がすごくかかることだと考えておいてください。詳しくはあとで説明します。直近だと、利子で年10兆円、償還で年14兆円くらいかかっています（この10兆と14兆という数字は覚えなくてＯＫです）。

この利息と償還をあわせた、国債関係でかかるお金を、国債費と呼びます。直近だと24兆円です。

この社会保障と国債費の2つだけで、一般会計予算の半分以上を占めることになります（社会保障32兆円＋国債費24兆円＝56兆円。予算は合計で約１００兆円）。

日本政府は、**年金・医療・介護と、借金の利払いだけで、半分以上お金を使っている国**だということは知っておいてください。

１ケ月の収入のうち、半分が、利子など借金関係の費用と、家のなかにいるおじいちゃん・おばあちゃんのために消えていく家庭を想像してみましょう。これが日本です。

まとめ

・日本の借金は1000兆円以上ある
・日本の年間予算は100兆円くらい
・この100兆円のうち、年金・医療・介護などの社会保障にかかるお金が32兆円と、国債費（借金の利子や償還費）が24兆円。この2つだけで半分以上

財政はどうしてこうなった

では、日本の財政はどうしてこうなったのでしょうか。

1990年と2016年を比べ、考えてみましょう。

1990年というと、おおよそ30年くらい前です。1980年代のバブル経済が崩れたあたりの年です。

1990年度の財政資料を見てみると、当時、日本政府の年間予算は、ぜんぶで66兆円でした（この数字は覚えなくてOKです）。

２０１６年度は１００兆円くらい（正確には96・7兆円）なので、今は１９９０年度より、30兆円増えたことになります。

「じゃあなんで30兆円も増えたん？」と気になると思います。

30年前の記憶がある方は、「１９９０年も今も、そんなに生活は変わってないけどなぁ。進歩したのはパソコンやインターネットやスマホくらいだよ。あのときより、30兆円も予算を増やして何をやってきたんだろう……」と思うかもしれません。

では、何が増えたのでしょうか？

図3を見てください。

増えたのは、さきほど説明した社会保障と国債費です。

他の予算の合計額がほとんど変わっていないなか、この2つはそれぞれ20兆円、10兆円増えています（この数字も覚えなくてＯＫです）。

じゃあ、どうしてこの2つがこんなに増えたのでしょうか？

図3：1990年度と2016年度の予算内訳

	社会保障	国債費	交付税	その他いろいろ	合計
1990年度	11.6兆円	14.3兆円	15.3兆円	25.1兆円	約66兆円
2016年度	32.0兆円	23.6兆円	15.3兆円	25.9兆円	約97兆円

（出典：財務省「日本の財政関係資料」平成28年４月版より筆者作成）

結論からいうと、これも少子高齢化が原因です。

代表的な社会保障である年金を例に、わかりやすく説明します。

この30年間、日本は一貫して高齢化が進んできました。

それに伴い、年金を受け取る人も、増えつづけてきました。

しかし、30年のなかでは、景気が悪くなったり、税収が減ったりするときもありました。

そうなると、政府の財政はだんだん厳しくなっていきます。

本来なら、政府は「高齢者さんすみません。政府は財政が厳しいです。年金を払いたくても、税収などが足りません。年金を削るか、税金や保険料を上げさせてもらえませんか?」という必要がありました。

しかし、もしそんなことといったらどうなるでしょう?

高齢者の側も、「自分はこの分だけの年金を受け取れるだろう」と思い、人生設計をしています。

それを政府が削るといいだしたら、当然、人生設計が狂います。反発する人はたくさん出るでしょう。少なくとも年金を削るなんていう政治家になんか投票しません。

高齢者は数も多く投票率も高いです。ここをないがしろにしたら、政治家は落選してしまいます。もちろん、政治家は落選なんか絶対いやです。落選を恐れる政治家は、大票田である高齢者票を捨てることはできません。

ですので、政治家は国債を出して借金をし、手に入れたお金を年金などの社会保障につぎ込みます。

このサイクルがずっと続いてきました。


国債費が10兆円分増えたのも、政府の借金が増えた分、1年間で支払わなくちゃいけない利子が増えたからです。もしサラ金から100万円借金した人と、200万円借金した人がいたら、利息が同じでも、200万円借金した人のほうが多く利子を払うことになります。それと同じです。

また、償還費も借金が増えれば増えるほど一般的に大きくなります。たとえば100万円借金した人と200万円借金した人がいたとすると、200万円借金した人のほうが最終的に返済する金額は大きくなります。同じように、100兆円借金した国と200兆円借金した国があるとすると、他の条件が同じ場合、200兆円借金した国のほうが返済する金額は大きくなります。

また、「増税や年金カットの必要性はわかるが、それは政府のムダを削ってからだ」という人も多くいました。

たしかに政府はムダがあるので、この主張の一部は正しいです。

しかし、政府がムダに使ってる金額と、年金などの社会保障にかかるお金の増加分を比べてみると、どう計算しても後者のほうが圧倒的に大きいのです。

（直感的には、「ムダを削れば財源は調達できる」といった民主党政権が頑張って事業仕分けしても、結局のところ財源が調達できなかったことを思い出していただければわかりやすいでしょう。事業仕分けが失敗したのは、ムダの金額より社会保障用にかかる金額のほうがはるかに大きく、ムダの削減程度ではどうにもならなかったからです）

そもそも政府は競争原理が働きにくく、ムダをカットする自浄作用が働きにくいという性質があります。たとえば、ムダを削ろうとすると、そこにぶら下がってる人たちが足をひっぱったりします。ムダとはいえその人たちも生活がかかってるので、必死に抵抗します。それでも仮に押し切ってカットすると、そこにぶら下がってる人たちやその家族が仕事を失い、社会保障のお世話になったりするので、財政にはまた負担がかかります。

そんな環境にありながらも、ここ30年間、政府はムダをある程度は削ってきました。

しかし、それでも、増えつづける年金や医療などの社会保障をカバーするにはぜんぜん足りませんでした。

理屈に従うと、多少のムダには目をつぶり、増税したり、社会保障をカットしたりする必要がありました。

ですが、そんなことといわれても心情的には納得しづらいものです。これを書いている筆者自身ですら、増税するといわれたら気分が悪くなります。お役所や独立行政法人など、公衆の目に見えにくいところでダラダラなまけている人の姿を何人か思い浮かべ、カチンときます。読者の方も、同じように感じる方は多いと思います。

こんなわけで、増税や年金カットは、なかなか進みません。

これが、日本が莫大な財政赤字を抱えるようになったからくりです。

高齢化に伴う年金・医療・介護などの社会保障の増加が、最大の原因なのです。

よく、「日本の借金が増えたのは、昔の田中角栄みたいな政治家が、田舎で誰も通らない道路工事とかやってムダ遣いしているからだ」と考える人がいます。

たしかにムダな道路工事はあるんですが、全体のなかで見たら、ぜんぜんたいした割合ではありません。

数字を見ると、**日本の借金を増やしてきたのは、高齢化に伴う社会保障の増加**です。

多額の年金や医療介護費がかかるようになってきたことが、日本の財政問題の最大の原因なのです。

まとめ

- 高齢化が進み、おじいさんやおばあさんに年金や医療介護費がたくさんかかるようになったのが、日本の借金が増えた最大の原因
- 増税や歳出カットも困難

生年別の受益と負担

ちなみに、図4グラフは、生年ごとに推計した、社会保障給付の純受益です。

年金・医療・介護の分野で受ける総額から、年金・医療・介護で払う総額を引いたものだと考えてください。

この数値がプラスだと、人生を通して、社会保障をもらう額のほうが多いことを意味します。

マイナスだと、人生を通して、社会保障を払う額のほうが多いことを意味します。いわば、払い損なわけです。

グラフを見るかぎり、１９６５年以降に生まれた人は平均すると払い損になります。とくに１９８０年以降に生まれた人は、平均的に、人生でトータルで２０００万円も取られることになります。ご愁傷様です。

逆に、１９６０年以前に生まれた人は、平均的にもらい得になります。とくに１９５０年より前の世代は、平均的に払った額より２０００万円以上もらえることになります。うらやましいですね。

若い人から高齢者に富が移転している日本の姿が、よくわかると思います。

たとえるならば、**お年玉を孫にあげるの**

図4：生年ごとの受益と負担がいくらになるか（年金・医療・介護の合計）

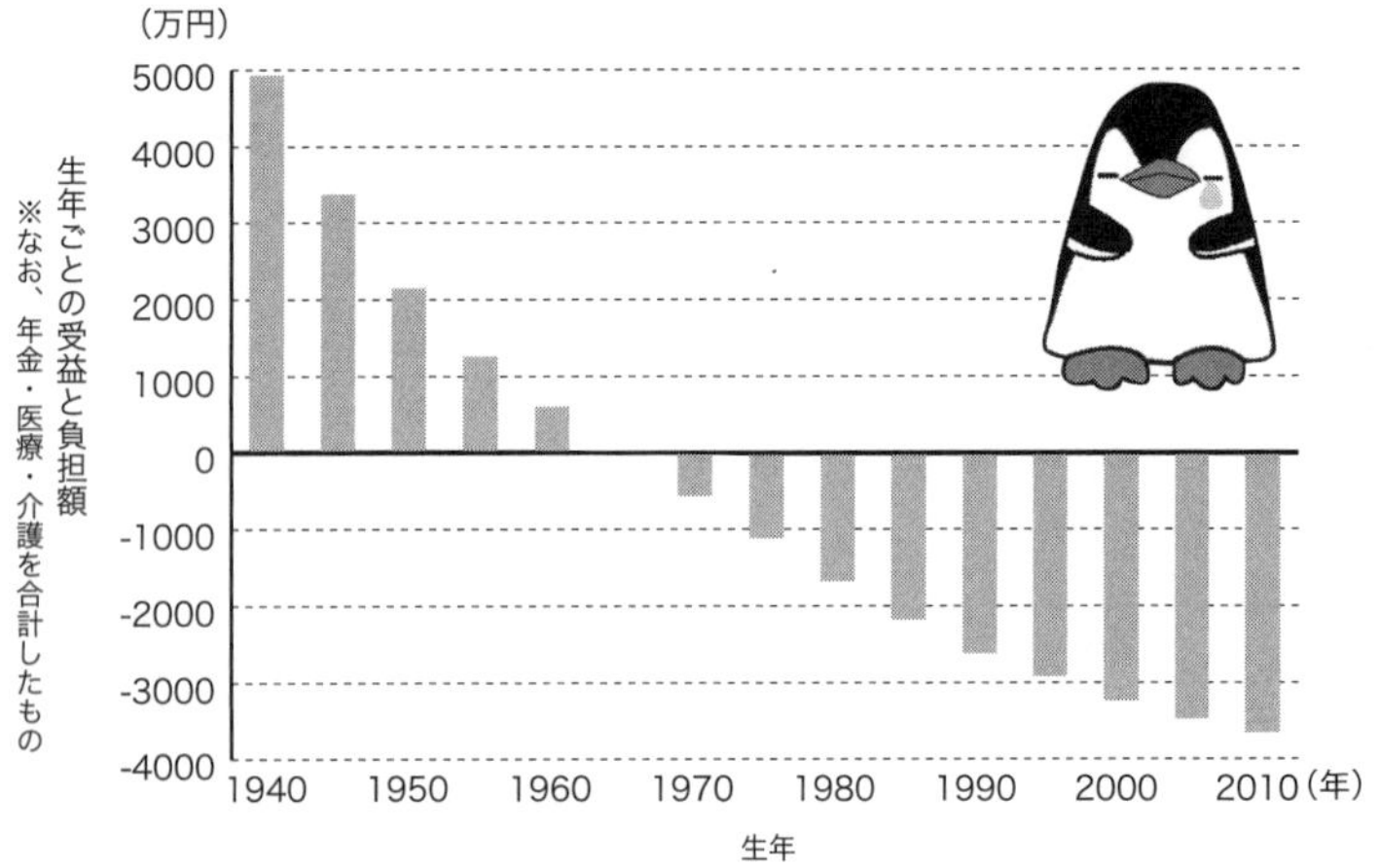

（出典：鈴木亘『社会保障亡国論』より筆者作成）

ではなく、孫からお年玉をもらっているともいえるでしょう。

知っておいてほしい前提知識

では、これから日本の財政はどうなってしまうのでしょうか
ここまで述べてきたとおり、1000兆円を超える膨大な借金を日本に生みだし、日本の財政に負担をかけてきた最大の原因は、社会保障です。

となると、これからの日本の財政について考えるときも、社会保障が今後どうなっていくかを考えることが、やはり大きなポイントになります。

これは、財政破綻について考えるうえでもとても重要です。

なぜなら、もし財政がここからよくなるのであれば、財政破綻対策なんてしなくていいからです。

私たちは、財政がここからよくなるのか、それとも悪くなるのかを考える必要があります。

そして、それを決めるのは社会保障なので、財政破綻対策をしようと考える人は、社会保障について知ることが絶対に必要なのです。

では、日本の社会保障は今後、どうなっていくのでしょうか。

日本政府は、予想を出しています。

まず、これ見てみますが、その前に、特別会計の説明をします。

これを知らないと、日本政府の予想を理解することができません。

特別会計はとても複雑な仕組みなので、簡略化し、おおざっぱに説明します。

（以下、厳密性を犠牲にしている箇所が一部あります。これは、本書が「政治経済に詳しくない人でも財政破綻対策について大枠を理解できる」ことを目指すがゆえです。財政や社会保障は制度がきわめて複雑に入り組んでいるので、どうしてもこうなってしまいます。大枠を理解するうえでは問題ないと思います。どうかご容赦ください）


さっき、日本の予算はだいたい１００兆円だと書きました。

この１００兆円というのは「一般会計」という名前で呼ばれている部分です。

日本の予算では、これがメインのものになります。

社会保障、国債費、地方交付税交付金、公共事業、文教および科学振興、防衛費……などなど、いろいろな予算がごっちゃになっているものだと考えてください。

予算の世界における王様みたいなイメージを持ってもらえたらＯＫです。

ただ、実は日本政府、この１００兆円の一般会計の予算とは別に、別の予算のようなものを持っています。

これを、特別会計と呼びます。

イメージ的には、裏帳簿や裏ガネ、隠し予算のようなものを想像するとわかりやすいかもしれません。まぁ、政府は隠していないので裏ガネでも裏帳簿でも隠し予算でもないのですが。とにかく、一般会計とは別で、あまり目立たない部分の予算です。

じゃあ、この特別会計とはなんなのでしょうか。

年金を例に、おおざっぱに、超簡略化して説明します。

働いてる人の多くは毎月、「将来年金がもらえたらいいなぁ」と思いながら、お金を支払います。

このお金は、年金用の特別会計のなかに振り込まれます。

この年金を管理する特別会計を、「年金特別会計」と呼びます。

年金特別会計は、この振り込まれたお金を、おじいさんやおばあさんに振り込みます。

これが年金です。

年金は、年金を払う現役世代と、年金を受け取る高齢者という、閉じた世界でお金がまわっています。これは、少し特殊なお金の流れです。

なので、年金については、政府は一般会計と別に、特別会計を作り、わけているのです。あえて一般会計から分けたほうが、お金の流れを管理するうえでいろいろ扱いやすいので、政府はこのような方法をとっています。

まぁ、政府が国民からお金を取って、集めたお金を国民に配るという点では、一般会計も年金特別会計も似たようなものなのですが。あくまで、扱いやすさの点で分けていると考えてください。


ところで、この年金特別会計、年金だけではなく、健康保険が含まれています。

これはまぎらわしいのですが、覚えておいてください。このあたりの仕組みを、おおざっぱに解説してみます。

私たちが病院に行ったとき、医療費のうちだいたい3割以下しか払いません。じゃあ残りの部分は誰が払ってるかというと、この年金特別会計（のなかにある健康保険）が払っています。

サラリーマンの方は、給与明細を見ると、毎月、健康保険料が引かれていると思います。この健康保険料は、年金特別会計に行きます。年金特別会計は、患者が病院で治療を受けたとき、7割以上をその病院に振り込みます。

年金特別会計という名前は、まるで年金だけを取り扱っているように見えて紛らわしいのですが。

この年金特別会計のなかに健康保険が入っていることは、覚えておいてください。

本来かかる金額のうち、私たちが病院で3割以下しか払わないのは、年金特別会計のなかにある健康保険からお金が出ているからなのです。

ちなみに特別会計はいくつかあるのですが、財政破綻を考えるうえでいちばん重要なのは、この年金特別会計です。

本書でも、特別会計は、年金特別会計のみを扱います。

なぜ年金特別会計が重要かというと、政府のお偉いさんたちもお手上げになるレベルでお金が足りていないからです。

さきほど、高齢化が進んでいるので、一般会計で社会保障が増えているという話をしました。

これは、年金特別会計も同じです。

高齢化が進んでいるので、おじいさんおばあさんが、年金や医療介護でお金をガンガン使います。

ですので、年金特別会計も、もうぜんぜんお金が足りていないのです。少なくとも、現行の水準の社会保障給付を続けたら、制度が持ちません。

問題がありすぎて、日本政府のお偉いさんたちも頭を抱えています。

まとめ

- 日本の予算には、一般会計のほかに特別会計があり、なかでも年金特別会計が大事
- 年金特別会計のなかには、年金だけじゃなくて、健康保険が入ってる
- 一般会計も年金特別会計も、どっちも問題がいっぱいあって超ヤバイ

社会保障給付は全体でどれくらい？

年金特別会計以外にも、社会保障の世界ではいろいろ目立たない、けれども大きな予算があります。

これらはとてもたくさんあり、またものすごく複雑に入り組んでいます。

これらをすべてあわせて、総合的に考えることで、社会保障の世界の全体像が見えてきます。

じゃあどうすれば総合的に見えるのか……というと、なかなか有用な資料があります。

国立社会保障・人口問題研究所という機関が、1年間でどれだけ社会保障関係の給付がおこなわれているかという調査をおこない、統計を出しているのです。

図5を見てみましょう。

図5：社会保障給付費の推移

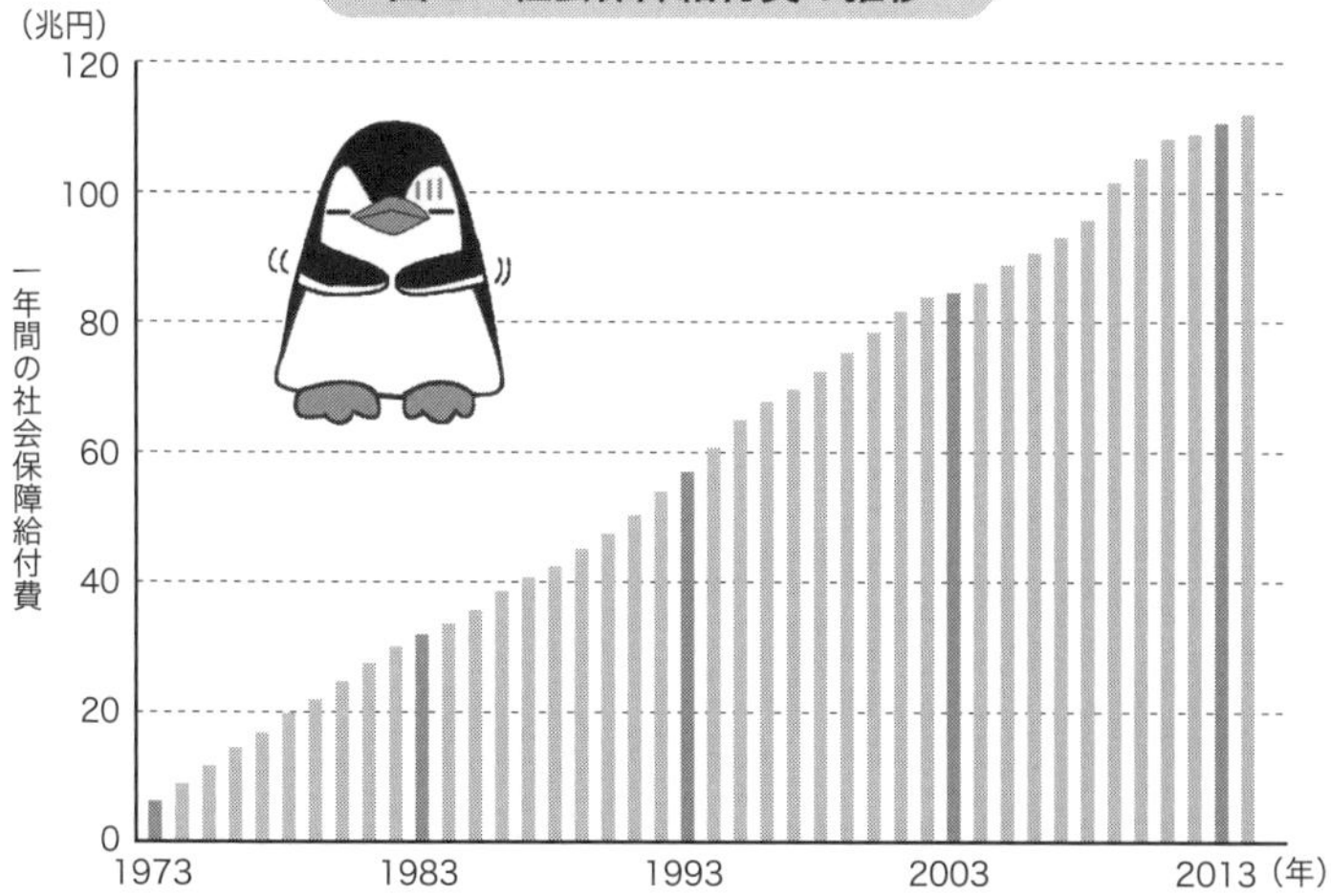

（出典：国立社会保障・人口問題研究所「社会保障費用統計」2014年度版より筆者作成）

これを見ると、日本全体で毎年かかる社会保障給付費は長年にわたり増えつづけていること、最近は110兆円くらいになっていることがわかります。

この110兆円は、1年間にかかるいわゆる年金や医療や介護などの費用を合計したものです。

この毎年かかる110兆円の社会保障給付こそ、日本の財政を苦しめている最大の原因なのです。

この110兆円くらいのうち、年金が56兆円、医療が38兆円、介護が10兆円、残りちょっとが保育などになっています（2015年度、厚生労働省、当初予算ベース）。

この大まかな数字は覚えておいてください。

一方、110兆円も使うと、どこかからかお金をひっぱってこないといけません。

そのお金はどこから来てるのか?というと、読者のみなさんが払ってる年金・医療・介護などの保険料が65兆円、国庫負担（すなわち日本政府が税金や国債を発行して集めてるお金）が32兆円、残りは地方自治体負担などです。

本書の最初のほうで、日本の一般会計予算はだいたい100兆円で、そのうち32兆円が社会保障だと書きました。

しかし、実はこの32兆円は全額、保険料だけでは足りないお金の補充に使われています。

一般会計から社会保障の世界に、32兆円が横流しされてると考えておいてください。

まとめると、こんな感じです。

みなさんが払った保険料65兆円（特別会計）＋税金から出す32兆円（一般会計）＋その他（地方自治体負担など）

↓社会保障110兆円（うち年金56兆円、医療38兆円、介護10兆円、その他保育など）

さらに、国立社会保障・人口問題研究所の調査によると、この110兆円のうちのおよそ70％が高齢者向けに使われています。

65歳以上の高齢者の人口に占める割合は、右肩上がりに伸びつづけています。

このように、高齢者がお金をガンガン使っているので、特別会計を含む社会保障の世界は、お金が足りなくなっています。

なので、保険料収入だけでは足りない分のお金を、一般会計から32兆円分も横流ししているというわけです。

一般会計は、基本的にはみなさんの税金から払われる部分です。つまりみなさんは社会保障の特別会計の足りない分を負担させられているということになります。

特別会計は本来、一般会計とは完全に切り分けることを目的として作られたものです。もし足りなくなったら、たとえば年金カットしたりして、年金特別会計のなかだけで完結させるのが筋です。

しかし、政府はその基本的なルールを破り、横流ししてきたのです。

(ちなみに、保険料65兆円と税金から出す32兆円とで、と分かれてはいるものの、名前が違うだけで、これらはぜんぶ国民が負担しています。また、国債で調達された分は将来国民が払うので、これも長い目で見るといずれ国民負担になります。なので、財政の行方を考えるうえでは、これらを区別する必要はさほどなく、すべてまとめて「国民の負担」と考えてOKです)

まとめ

- 日本全体で1年間に給付される社会保障は、110兆円
- うち、年金が56兆円、医療が38兆円、介護が10兆円
- これらは、これまでガンガン増えてきた

日本政府が予想する今後の社会保障

では、いよいよ、日本政府による予想を見ていきましょう。

日本政府は、いったいこれから日本の社会保障はどうなると考えているのでしょうか？

図6のグラフは、国立社会保障・人口問題研究所が出した、日本の人口に占める高齢者の割合の推移と、今後の推計をしたものです。

厚生労働省の予想によると、2025年には、年金60兆円、医療費54兆円、介護20兆円が1年間に使われると予想しています。

今はそれぞれ56兆円、38兆円、10兆円なので、これから年金は4兆円、医療費は16

図6：日本の人口に占める高齢者の割合の推移と将来推計

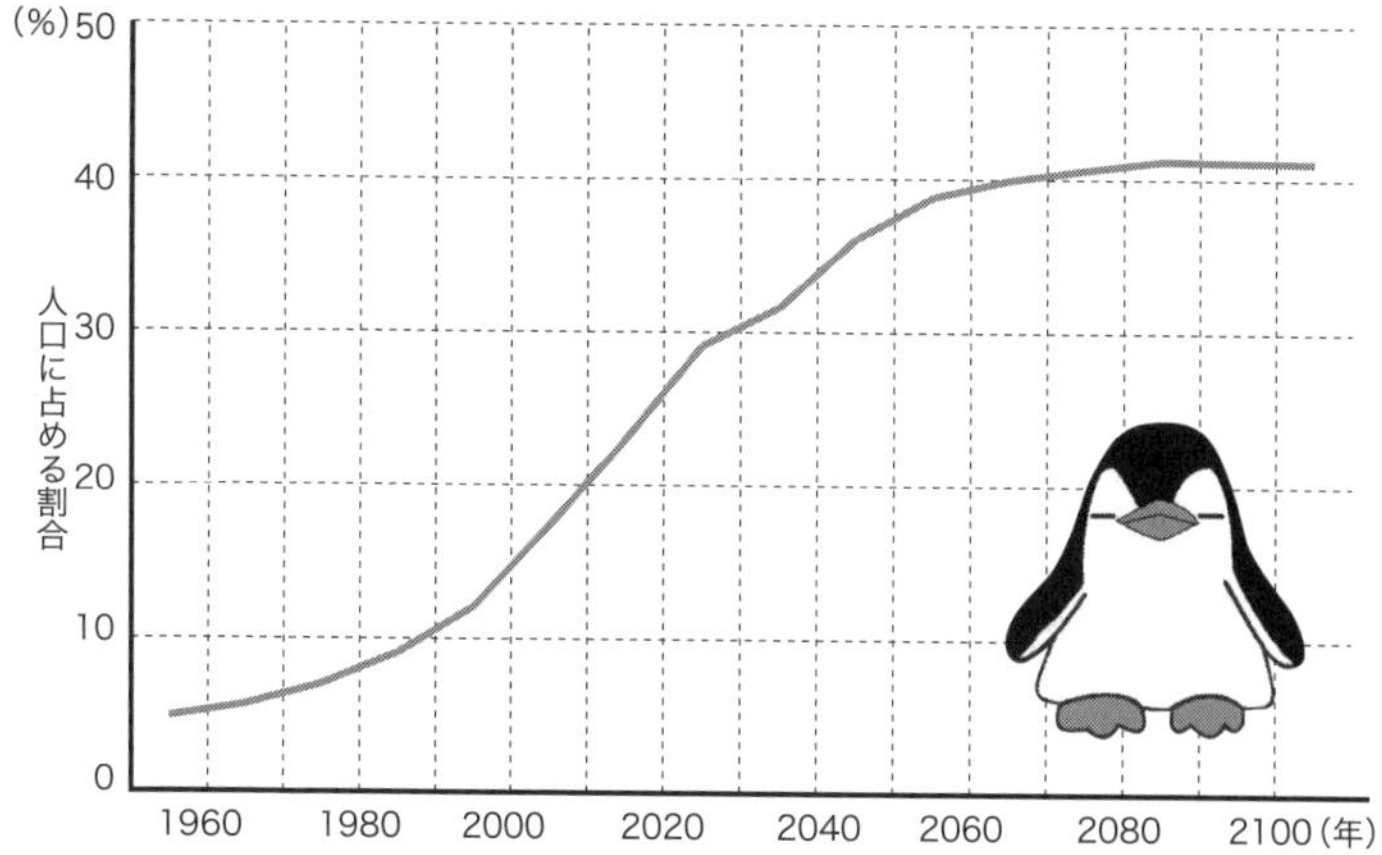

（出典：国立社会保障・人口問題研究所「社会保障費用統計」2014年度版より筆者作成）

兆円、介護は10兆円と、あわせて30兆円も増えることになります。

繰り返しますが、これは、1年間にかかる金額です。

ちなみにこれは、日本のGDPが今の480兆円から600兆円にまで上がったときの計算です。

日本のGDPとは、日本国内で1年間に生み出される付加価値を金銭換算をしたときの合計額という意味です。経済に詳しくない方はイメージしづらいと思うのでざっくり、日本経済の景気のよさや強さを表す指標だと考えてください。GDPがでかければでかいほど、日本が景気よくて経済が強いということになります。

なお、日本のGDPはここ十数年、だいたい500兆円前後をうろうろしています。この数字は覚えておいてください。

景気がよければよいほど、税収や保険料収入は増えるので、そのぶん財政や社会保障に余裕ができます。よって、景気がよいほど財政や社会保障にはプラスです。

問題は、日本のGDPはホントに600兆円になるのか？　ということです。今は480兆円なので、ここから20％以上あげることになります。

政府はがんばろうとしています。しかし、「高齢者をこれだけ抱えていて、社会保障負担がこれからさらにガンガンかかってくる国で、GDPを20％以上あげるのはほぼ無理なのでは……」という意見も、経済学者の間では多く出ています。

こればかりは、未来のことなのでなんともいえません。おそらく非現実的な目標だと思いますが、まぁとにかく政府のいうとおり、仮にGDPが600兆円になるとしましょう。

このとき、先ほども述べたとおり、政府は「年金は56兆円から60兆円へと、4兆円分増える」と予想しています。

4兆円というと大きく見えますが、医療・介護があわせて26兆円増えるのに比べたら、ずっと少ないです（医療は16兆円増え、介護は10兆円増えます。つまり、医療と介護に1年間でかかる金額が、合計で26兆円増えることになります）。

年金があまり増えないのは、マクロ経済スライド方式という仕組みを使うことが大きく影響しています。

これは結構複雑な仕組みで、国の資料を見てもいまひとつ要点がわかりづらいのですが、一言でいうと「若い人が減っている分だけ、年金給付も削減しましょう」というものです。年金を払う若い人が減っているので、それにあわせて給付も削る必要があります。そうしないと、年金制度は維持できません。

いままでは、景気がよいと年金給付は増やしていたのですが、景気が悪くなっても年金はほぼ削られませんでした。これは、年金受給者の反発を、政治家が恐れていたからです。

この年金を、今後は削っていきますよ、というのが制度導入の目的です。

他にも、政府はいろいろ細かい改革をやる予定です。これで、年金はせいぜい4兆円増ということになります。

年金は、まぁなんとかなるかもしれません。

真の問題は、医療と介護です。

医療は38兆円から54兆円、介護は10兆円から20兆円へと、2つあわせて26兆円も伸びる予定です。

ちなみにこの医療54兆円と介護20兆円は、毎年かかる金額です。年間の負担が26兆円分も伸びるわけです。

恐ろしいことは、このお金をどう調達するのかという、財源のメドがまったくたっていないことです。

多少の金額ならムダの削減など、財務省が気合と根性を入れれば、なんとか捻出できます。

しかし26兆円の大金ともなると、とてもそのレベルではどうにもできません。現時点では、財源を調達できるめどはほぼまったくついていません。

そもそも、この26兆円の負担に国民は耐えられるのでしょうか。

これ以上税金や保険料を引き上げることに、働いてたり子育て中だったりする読者の方は耐えられますか。

もしやったら、個人の財布も、経済全体も、ものすごく傷むことでしょう。大半の経済学者も同じ意見です。

（しかもこれは、ＧＤＰが６００兆円になるという超楽観的な前提で出した予想です）

なら医療や介護にかかるお金を減らすのでしょうか。

これも難しいです。なぜなら、高齢者とそれを支える家族や、これから高齢者になる高齢者予備軍の人たちが反対するからです。

仮に減らしたら、高齢者は、とくにお金のない人を中心に、今のような医療・介護サービスは受けられなくなるはずです。よって、これは激しく反対されるはずです。

論理的に考えると、増税するのか、それとも支出を減らすのか、あるいは両方やるのかという話になります。

しかし、医療や介護については反発を恐れ、そういう方針がほとんど決まっていないのです。

こんなわけで政府は、とりあえず国債を発行し、その場しのぎで対応しています。

その積み重ねが、1000兆円を超える借金です。

毎年110兆円にのぼる社会保障給付が、今後抑制される見込みはありません。

まとめ
・年金はなんとかなるかもしれないが、医療と介護にかかるお金がものすごく伸びる
・財源を調達するメドもあてもない
・楽観的な経済見通しのもとで出した予想ですら、国民負担は大きなものになる

日本の財政問題は解決するのか？

ここまで、日本の社会保障をざっくり見てきました。

日本の財政の行方を決めるのは、年金・医療・介護などの社会保障であることが、ご理解いただけたと思います。

さて、ここで読者の方々に質問です。

日本の財政と社会保障って、ここからまともな方向になっていくと思いますか？　それとも、ダメになっていくと思いますか？

ここまで長々と社会保障のことを書いてきたのは、読者の方々にも「日本の財政問題は解決するのか？」という問題を考えてもらいたかったからです。

では、日本の財政と社会保障の問題は、解決するのでしょうか。

結論からいうと、残念ながら解決しないでしょう。

理由を一言でいうと、高齢者自身と、その高齢者の子供世代である40～50代の高齢者予備軍の人たちの数が、人口の過半数を超えているからです。

この人たちは、社会保障給付を求め、削減に反対する傾向があります。もちろん個々人によっていろんな意見の人がいますが、全体としてはそういう傾向があるということです。

そりゃそうです。たとえばもし「来年から私の口座に年金が振り込まれると思ってたのに、来年から突然30％削られることになるかも」となれば、反対したり、あるいは困る人は多いでしょう。年金がもらえることを前提に人生計画をたてていた人なら、なおさらです。

また、「今までは医者に行ったら2割や3割だけ払えばよかったのが、来月からはたとえば6割払うことになるかも」となれば、困る人は多いはずです。医療費を払えない人が死ぬケースも続出するでしょう。

これに加えて、働き盛りでまだ元気な人でも、自分の親が社会保障給付をもらっているので、それを削られることに反対する人も多くいます。

たとえば40代～50代であまり裕福でない家の人は、高齢者向けの社会保障のカットに反対する傾向が強いです。

なぜなら、その人たちの父親や母親は高齢者だからです。

仮に父親や母親が年金をもらえなかったり、医療費は全額自分で払えとかなったりしたら、両親は困ってしまいます。

親が困ったなら、それを見捨てるわけにもいかないので、結局子供がお金を払うことになります。つまり一族全体で見たら負担になるのです。そんなの、誰だっていやでしょう。また、老親の年金をあてにしている人たちも反対するはずです。そういうわけで、働き盛りの人でも、社会保障給付を削ることに反対する人がたくさんいます。

そもそも人間は生きているかぎり、全員高齢者になります。よって、自分自身がいつかなるであろう高齢者に対し、あまり厳しくする政策は、自分自身に不利益となって返ってくる可能性があります。なので、支持しにくいのです。自分が年寄りになるときにお金がもらえない政策を支持したら、年をとったときに困るのは自分自身ですから。

さらにいうと、高齢者が若返ることはありません。なので、高齢者にとっては働き盛りや若い人、将来世代のことは無視し、自分が生きている間だけ金をもらうことを追求するのが、合理的な戦略となります。「生きてるうちにもらえるものはもらっておこう。年金カットなんてとんでもない。医療費の自己負担割合の増加なんて論外だ」という話です。とても合理的な考えであり、気持ちはよくわかります。

（もちろん、こう考えない人もいますが、全体としてはこういう傾向があるということです）

こう書いている私自身も、もし自分が高齢者だったら、もしかしたら同じように考えるかもしれません。

以上の理由により、高齢者も、それを支える40代～50代の高齢者予備軍の人たちも、社会保障給付を削ることには反対します。

民主主義国家は多数派の意見が通る社会です。

ちなみに、俗語ですが、**高齢者が多数派になった民主主義国家を、シルバーデモクラシー、いわゆるシルバー民主主義国家と呼びます。**

（シルバーは、高齢者という意味を含んでいます。由来は、高齢者の白髪が銀色に似てるからとか、銀婚式の銀だとか、いろんな説があるようです）

日本はすでに、四人に一人が65歳以上の高齢者になっています。40代～50代の高齢者予備軍の人たちを含めると、すでに人口の多数派となっているとすらいってよいでしょう。

また、年金カットなどの社会保障給付の削減に政府が及び腰になっているのを見ると、高齢者の政治的影響力はすでに大きいと判断できます。
このような、シルバー民主主義が成立している、あるいはそこに向かう過程にある日本のような国家で、民主的に高齢者向けの社会保障給付を削るなんて、おそらく不可能です。

高齢者に厳しい政策は、支持されません
結果として、社会保障給付は今後も膨張しつづける可能性が高いし、財政問題はますます悪化していくでしょう。

（なお、誤解しないでいただきたいのですが、高齢者のことを嫌ったり、憎むべきだといっているのではありません。個々の高齢者には、人格高潔で立派な方も多くいらっしゃいます。この文章を書いている筆者自身、尊敬する高齢者の方はたくさんいます。ただ、それとは別に、高齢者が意識的・無意識的に支持している方針に対し、「現実的に考えてその方針には問題があるし、永続しない」と指摘することは、未来の日本を考えるうえで絶対に必要だと考えています）

2020年を境に、急速に悪化していく

日本の財政と社会保障はますます悪化していくと、私は考えています。

ただ、「ヤバイヤバイといわれてるけど、現状がずっと続くんじゃないの？　なんとなくそんな気がするんだよなぁ」と、現状の落ち着いた状態がずっと続くと思っている方も多いでしょう。

未来は不確定なので、たしかにそうなるかもしれません。

しかし多くの経済学者は、２０２０年前後に、深刻な問題が急速に表面化していくだろうと予想しています。

なぜなら、このあたりの年から、団塊世代が75歳以上になりはじめるからです。

75歳以上の人は、医療・介護でお金をバンバン使います。

また、団塊世代は人数が多いです。

これによって、**２０２０年前後を境に、財政への負担が一気に重くなる**のです。

もう少し詳しく説明します。

医療費・介護費は、75歳以上になると一人当たりの費用が大きく増えます。これが、ますます日本の財政と社会保障制度を傷めつけていきます。

財務省「日本の財政関係資料」によると、65歳～74歳の高齢者一人にかかる国庫負担は、医療費は年間８万円程度、介護は年間２万円程度です。

しかし、75歳以上になるとそれぞれ35万円、13万円に跳ね上がるのです。

これらの数字を覚えていただく必要はありません。あくまで、75歳をすぎたら急激に医療介護費がかかるということを理解してください。

こうなる理由もシンプルです。人間は死ぬ前に病気になったりヨボヨボになりがちなので、たくさん病院に行ったり老人ホームに入るようになるからです。これは、人間が動物である以上、自然なことです。

病院や介護施設は、使えば使うほど税金や保険料が使われる仕組みになっているので、75歳以上の高齢者が医療介護で金を使いまくると、ますます財政に負担がかかることになります。

こう見ると、年金をもらい医療介護サービスをたくさん使う高齢者の割合が増えている以上、社会保障負担が軽くなる見込みはとても少ないということを、理解していただけると思います。

このように、日本の財政と社会保障制度はひどい状況であり、２０２０年前後からは、ますます悪化していくと予想できます。

では、改善する方法はないのでしょうか？

もし改善するのであれば、財政破綻対策をおこなう必要性は低くなります。

結論を先にいってしまうと、改善する見込みはほぼないのですが、一応、考えてみましょう。

以下、考察です。

いくつかの改善案

❶ 富裕高齢者から貧しい高齢者への、高齢者内でのお金の再分配

改善案としてよく出てくるのは、高齢者でリッチな人から政府がお金を取り、高齢者であまりお金を持っていない人に再分配するというやり方です。

(※ここでいう「再分配」は、政府がある人からお金を奪い、別の人に配ることです)

現状だと、働き盛りや若手、子育て世帯などの現役世代から政府がお金をとって、高齢者に配るという形になっています。年金を考えればわかりやすいですね。

若い人たちが払ったお金を、高齢者たちが受け取る仕組みです。

また、日本の金融資産の7割は高齢者が持っています。人生で蓄えた貯金があるので、高齢者が若い人よりお金を持っているのは当たり前です。

ただ、トータルすると、平均的にお金を持っている高齢者に対し、あまりお金を持っていない若い人がお金を支払っているということになります。

これはおかしな話です。お金のない若い人からお金を奪い、平均的にお金のある高齢者にお金を配るのは、どう考えても間違っています。

そうではなく、とくに資産を持ってる高齢者の人にお金を出してもらい、そのお金を貧しい高齢者の人に配るほうがいいのではないでしょうか。

これは、財政や社会保障の専門家の間で増えている意見です。

高齢者は平均的にお金を持ってはいるものの、同じ高齢者のなかでも貧富の格差があります。金持ちの高齢者もいれば、貧乏な高齢者もいるということです。

この金持ちの高齢者から貧乏な高齢者にお金を移すこと、すなわち高齢者同士で負担と給付をしてもらうべきだというのが、財政や社会保障の専門家の間で増えている意見です。

私も、この意見に賛同します。

しかし、これで日本の財政問題を解決できるのか？　というと、残念ながら、きわめてあやしいのです。

まず、日本の高齢者でお金持ちの人は、資産のうちかなりの割合が不動産であることが多いのです。

数字上、不動産を持っていれば資産持ちに見えます。

しかし、今の日本は人口減少が続いています。空き家が増加し、不動産は供給過剰になりつつあります。

こうなると、不動産価格は下落します、供給が需要よりも多いと、どんなものでも価格は下がるからです。りんごやキャベツの値段が、たくさん取れる季節は1玉とても安くなるのに、あまり取れない季節は高くなるのと似ています。不動産も同じで、人口が減り需要が減ると、供給が需要よりも多くなり、値崩れしやすいのです。

とくに郊外や地方都市で、不動産は値崩れしつつあります。買ったときよりもずっと安くなってしまえば、もし売っても、あまりお金になりません。場合によっては損します。

そうなると、一見たくさん資産を持っているように見える人でも、仮にその人から税金を取ろうとしたとき、十分取れないことになります。

次に、すでに日本の借金はものすごい金額であり、日本の富裕層が持ってるお金程度ではどうにもならないという問題があります。

日本の借金は1000兆円を超えています。また、毎年着々と、社会保障発の新しい借金が積み上がっています。

これらの金額はあまりに大きく、富裕層の資産程度ではとてもカバーできるレベルではありません。いまさら富裕な高齢者から多少お金を取ったとしても、もう間に合わない可能性が高いのです。しょせんは焼け石に水であり、根本的な解決にはならないという問題があります。

では、それでもなんとか富裕高齢者からがっつりお金をとろうとしたらうまくいくのか？　というと、そうもいきません。

仮に富裕高齢者からお金をがっつり取ろうとすると、そういう裕福な人たちは、すぐに資産を海外に移してしまうからです。

もちろん脱税したらダメですが、日本は財産権が保障されている国です。

法令に従い、きちんと納税したあとの自分の財産をどうしようと、個人の自由なわけです。

なので、海外に送ろうとどうしようと、何の問題もありません。

仮にきちんと納税している人の家に、その地域の税務署長がある日突然おしかけて「ワシの気分が変わったから1億円納税しろ。日本の財政に貢献せい」みたいなことをいい納税を要求したら、どうなるでしょうか。

当然ダメです。

法令の根拠なしにいきなり資産を差し押さえようとするのは、財産権の侵害になるからです。

では法令を作って差し押さえればいいのかというと、そうもいきません。

日本は憲法84条で、租税法律主義をとっています。

これをざっくり説明すると、新しく税金をかけるなら、何らかの法律を制定してからやりなさいというルールです。

もともとは、ヨーロッパで、国王が勝手に税金をかけるのを制限するために考え出された概念です。税金をかける場合は、国王が思いつきで適当に決めるのではなく、議会できちんと話し合ったうえで決めましょうという仕組みです。日本でも当然、新しい税金を導入する場合は国会で話し合われます。

税金には必ず法令の根拠が必要なのです。

ですので、仮に政府が富裕な高齢者からがっつり取る法令を作ろうとしたら、当然それは国会の議論などに兆候として出てきます。

そうすると、その時点で、**資産を海外に移してしまう人が続出**するでしょう。

以上の理由により、富裕高齢者から貧困高齢者への再配分をやろうとしたところで、多少の効果はあっても、根本的な解決にはならないと考えられます。

❷スウェーデンのように増税して社会保障も充実させる

「スウェーデンのように税金上げれば、財政はなんとかなるかもしれないし、場合によっては社会保障も充実するかもしれない」と思う方もいらっしゃるでしょう。

いわゆる、高福祉高負担の国を目指せばいいのでは？ という意見です。

しかし、残念ながら、これはおそらく不可能です。

まず、北欧モデルを目指そうとすると、税金や保険料がものすごく上がります。

日本政府はいちおう「社会保障への充当を目的に、ちょっと消費税を引き上げます」といいましたが、ものすごくたくさんの反対論が出ました。財務省はさらなる増税をやろうとしていますが、有権者の反発が非常に強く、先行きは困難です。

これを見ると、これ以上の増税は、民主主義の観点から困難なように見えます。

また、仮に増税したとしても、日本の未来は暗いです。

というのも、日本は借金の額が、すでに何の希望を持てないレベルまで膨れ上がっているからです。

スウェーデンは１９９０年代中盤、財政危機に瀕していました。当時のスウェーデン政府は財政再建を考え、増税と歳出削減をおこないました。スウェーデン政府は、「もし増税と歳出削減をやって、財政がまともになったら、国民が今後も安心だ！　と考えるようになる。よって消費が増えて景気が上がる」と予想したのです。


しかし、実際はそううまくはいきませんでした。

なぜなら、当時のスウェーデン人は、増税と歳出削減は一時的なものではなく、ずっと続くものだと考えたからです。スウェーデン人は、「どうせ将来も増税や歳出削減を政府は続けるんだろうなぁ。将来不安だしあんま金使わないで貯金しておこう」と意識的・無意識的に考え、あまりお金を使わなくなりました。

結局、増税と歳出削減では、スウェーデンの景気はなかなかよくなりませんでした（別の要因で多少持ち直したのですが、本書では触れません）。

これは、日本におきかえて考えるとわかりやすいかもしれません。

たとえば、もしいま日本で増税したとします。上げる税金は消費税でもなんでもＯＫです。

そうすると、たしかに財政にはよさそうですが、これでみんな安心するでしょうか？

「日本政府が抱える借金の山を見ると、こんな増税なんてスズメの涙だよなー。政府はもっと税金を上げてくるだろう。今後も増税は続くだろうなぁ。いやだなぁ……」と多くの人は考えるでしょう。

実際、それは正しいです。日本政府のなかの人たちは、さらなる増税や社会保険料の負担増を考えているからです。

政府の借金が増えすぎると、国民が「どうせ何をやったとしても、将来増税や歳出削減をされるんだろうなぁ」と意識的、あるいは無意識的にあきらめの境地に入るようになります。こう考えるようになると、みんながあまりお金を使わなくなる傾向があります。そうなると、ちょっとやそっとの経済対策をしても効きません。日本はバブル崩壊後、数々の経済対策をしてきましたが、それらが大して効かなかった一因はこれです。

また、日本の消費税引き上げが不評なのも、おそらくこれが原因です。消費税を5%から8%に引き上げて、財政問題や社会保障問題が解決するなら、支持されたかもしれません。

しかし、消費税をちょっと上げたところで、1000兆円の借金と増えつづける社会保障給付110兆円の前では、焼け石に水です。有権者も「消費税を増やしてもムダだろう。これで増税が終わりなわけない。まだまだ増税は続くはずだ。政府は増税分を社会保障にあてるといってるけれども、今以上の社会保障サービスは受けられないだろう」と考えます。とくに若い現役世代には、「仮に社会保障サービスが多少ゆたかになっても、その恩恵を受けるのは政治力の強い高齢者が中心であり、自分たち若い世代に好影響はない」という考えをする人が、おそらく多かったのだと思います。結局、消費増税は支持されませんでした。日本人は出費を減らし、景気にも悪影響が出ました。

日本人の財政に対する不信は、かなりのレベルに達していると考えられます。

ちなみに、この傾向は、政府の借金が多ければ多いほど強くなります。

そりゃそうです。政府の借金の額が増えれば増えるほど、「もうこの国はダメだ……」と考え、あきらめる人は増えるからです。

そもそも1000兆円以上ある借金を、まともな方法で返せるなんて思ってる人は、政府関係者含めほとんどいません。

そうなると、国民はますます「お金はなるべく使わず、いざというときに備えておこう」と考えるようになりがちなのです。

スウェーデンは長年、少子化対策に力を入れつづけてきたので、少子高齢化のスピードはゆっくりしたものになっていました。これが、社会保障制度改革がやりやすい素地につながりました。

一方、日本政府は少子化対策の必要性がいわれはじめた1990年代から20年以上グズグズしており、効果的な少子化対策を打ち出すことに失敗してきました。

この結果、少子高齢化の進行速度が、日本はものすごく速くなりました。状況は、スウェーデンより日本のほうがずっと厳しいのです。

日本に比べて恵まれた環境だったスウェーデンですら、増税と歳出カットをしても、効果はいまひとつでした。

日本で増税と歳出カットをやったら、かなりの悪影響が出るでしょう。

今後、日本で少子高齢化はますます進みます。高齢者の割合はますます高まり、子供は減っていきます。

そうなると、今後も増税や保険料負担増は、おそらく続くことになります。

スウェーデンの例を見ると、日本でもますます多くの働き盛りの人たちがそう認識するようになっていき、お金を使わなくなっていくと予想できます。

また、高齢者が増えすぎるともう配るお金がなくなるので、高齢者側も「これ以上、自分がもらうお金は増えないだろう」と考えるようになります。そうなると、高齢者もお金を使わなくなっていきます。

「すでに日本政府は莫大な借金をしている。少子高齢化もますます進む。日本の財政は詰んでる。今後も増税は続くし、給付は減りつづけるはず。仮に財政再建のために増税や歳出削減などの緊縮財政したとしても、しょせん焼け石に水だよね」という、おそらくは正しい予想を働き盛りの人たちや高齢者がするようになっていくということです。

もちろん、現状のような財政規律をあまり重視しない経済政策をとりつづけたら、財政がますます危険なことになります。

かといって、増税や歳出カットなどの緊縮財政をしたら経済が傷つきます。

財政規律と経済の両立は、おそらく不可能です。どっちに進んでも問題が起きるでしょう。

まとめ

・日本はすでに借金が多く、高齢化の進み具合も速い
・仮に多少の増税や歳出削減して財政再建を目指したところで、政府の借金は減らず、高齢者向けの支出も減らず、さらなる増税が起きる可能性が高い
・多くの人は、このことに直感的に気づいているので、将来を悲観して消費を増やさない。景気もよくなりにくい
・歳出削減しても、歳出増やしても、どっちも地獄。日本の財政はどうしようもなく詰んでいる

❸ 医療介護のサービス提供コストを下げる

医療介護の提供コストが下がれば解決するのでは？　という意見もあります。
具体的にいうと、たとえば人工知能やロボットの技術革新が起こり、それらに医療や介

護職の仕事をやらせたり、医療機器の製造業者が大幅なコスト削減ができたり、新薬を開発するコストをものすごく下げたりすることなどです。

現状からサービスの質を落とさずこれが実現すれば、とてもすばらしいことです。

とくに、医療・介護分野のサービス提供コストが下がれば、低予算で同じサービスを受けることができるわけなので、社会保障問題は改善に向かいます。

これが実現できたら、どんなにすばらしいことでしょう。

問題は、今のところその兆候は見えていないという点です。あいかわらず社会保障給付は増えつづけています。

何か夢のような技術革新が起きて、諸々の社会保障サービスの提供コストがすごく下がればよいのですが、現時点では非現実的です。

とはいえ、これから現時点での予想をはるかに上回る技術革新が起きる可能性はゼロではありません。

その場合、日本の財政や社会保障問題を真正面から解決できるかもしれません。

これらの分野については、ひきつづき今後もきちんとチェックしていくことが必要です。

❹ 若者が立ち上がって行動する

若者が立ち上がって行動すれば解決するのでは？ という意見もあります。

「社会保障の約70％が65歳以上の高齢者に使われている。なら、そのぶん割を食っている若い人たちが怒ればいいのでは。とくに、若い人で貧困に陥っている人あたりを中心に〝社会保障を高齢者だけではなく若い人にも使ってくれ〟といって行動したらどうか」という意見です。

これもときどき聞く主張ですが、難しいでしょう。

なぜなら、若い人は数が少ないからです。数が少ないということは、「政治は数、数は力」という田中角栄の言葉のとおり、政治的な影響力が低いということを意味します。

また、他に勉強や仕事で忙しく、そういうことをする時間的余裕も金銭的余裕もありません。

おまけに投票率も低いです。

一方、高齢者は数が多く投票率も高いです。

おまけに相対的に金持ちです。政治家からすると、もしかしたらときどき政治献金もしてくれるかもしれません。

社会的地位も高い人も多く、時間に余裕があり、政治力もあります。たいていの街宣デモは、参加者の多くが年配の人たちです。

時間のある人たちは、政治活動をする余裕があります。働いたり学校に通っていたら、時間がなくてなかなかできません。


あなたが政治家なら、若い人と高齢者、どっちを優先しますか？

合理的に考えたら、ふつう高齢者を優先するでしょう。


こんななか、もし「高齢者への医療介護費を削るべき」とか「高齢者への負担を増やすべき」とかいうと「老人を殺すのか！」と叩かれます。そんなことという政治家は選挙でも落とされます。

日本は、平均年齢が50歳近い国です。有権者の多数派は、高齢者ないし高齢者予備軍です。なので、どうしても政治は高齢者のほうを向きます。いわゆるシルバー民主主義です。

たとえるなら、日本では**老人の老人による老人のための、強固な老人支配国家体制**が事実上すでに確立しているとすらいえます。

こんなとき、人はどうするのでしょうか。

人間は合理的なので、勝ち目のない戦いはせずあきらめるものです。若い人が高齢者に、まともに対抗する手段はありません。若年者の投票率低下もこれが原因の一つでしょう。貴重な休日をつぶして投票行っても意味がないんなら、最初から投票なんか行かず、友人と遊んだりゲームしたりのんびりするほうが合理的です。

ちなみに政府は高齢者の政治力を少しでもそぎ、シルバー民主主義をなんとかしようと、「若年者よ、お前ら投票行け！」というキャンペーンをやっています。しかし、これまでに述べた理由によって効果はあまり出ていませんし、今後も出ないでしょう。

（なお、勝ち目のない戦いはするべきでないという考え方は、第二次世界大戦の教訓です。客観的に見てどうやっても勝てないアメリカに精神論で戦争をしかけた時点で、大日本帝国は運命は決まっていたのです。このような考えに従えば、今の日本で若い現役世代が高齢者に対抗するのも、同じような無謀な戦いだといえるでしょう）

そんなわけで、たとえ誰かが「働き盛りの若者よ立ち上がれ！」とかいっても、勝てない戦いは初めからしないのが合理的なのです。

これと同じ理屈で、ドメイン投票制にも期待できません。

ドメイン投票制とは、たとえば未成年の子供が二人いる家庭があるとすると、親に対し、二人の子供の分も投票権を与えるという制度です。

これによって、親が子供のかわりに投票をおこなうことが可能になり、より子育て世代である若い人たちの意見が政策に反映されやすくなるという案です。

民主主義には、現時点で選挙権のある人たちが、今あるお金や資源を近視眼的に使い切ってしまいがちだという欠点があります。

この欠点を改善し、シルバー民主主義を緩和しようというのが、ドメイン投票制の目的です。

将来にわたって今の膨大な借金を負担することになる子供たちに実質的な投票権を与え、それを親に代理させることで、将来のことを考えて行動する傾向がある人の割合を少しでも増やし、高齢者に偏った民主主義を改革しようということです。

これを導入すればいいという意見もありますが、問題は、どうやってこれを実現するかという点です。

そもそも、この案は近代憲法の一人一票原則を変えるものであり、膨大な法改正が必要になります。

他の問題が山積みになっているなかで、こんなことに時間と労力をさく余裕がどこにあるのかという問題があります。

また、多数派である高齢者や高齢者予備軍の人たちが、自分たちの権利が弱くなりうるこの制度を通すのでしょうか。

普通に考えたら、ありえません。法改正の各過程において、反対運動が起きるでしょう。

さらに、仮に実現したとしても、高齢者が多数派である現状は変わりません。

シルバー民主主義を多少緩和する程度の効果はあるでしょうが、根本的な解決にはならないと思います。

ちなみに、これは半ば冗談ですが、仮に若い人に抵抗手段があるとすれば、それは、ニートになることかもしれません。

なぜなら、ニートは、世帯内で高齢者から若者への再配分をおこなっており、高齢者と若い人の間にある世代間格差を緩和しているともいえるからです。

政府は高齢者に偏った社会保障給付をしています。

なので、見方を変えれば、その割をくって十分なサポートを受けられない若年層は、自分の親（＝高齢者または高齢者予備軍）が得た社会保障給付を、ニートという形でいただいているともいえます。

老人優遇政策に対する抗議の意思表示であり、世代間格差問題に対する唯一の抵抗方法だ！　ともみなせるわけですね。

もちろんこれはかなり強引な理由づけです。ニートなんてそんな高尚なもんじゃねえ！といいたくなる方も多いでしょう。

ですが、もし高齢者に社会保障が今のように注ぎ込まれていなければ、その分、苦しんでる若い人に社会保障が向かうであろうこともまた事実なわけです。

ニートは高齢者に対する静かな抵抗、サイレントテロだと考えることすらできます。

もちろん社会全体としては困ったことですが、世代間格差の問題も、ニートが増えたら緩和されるかもしれません。

❺強い政治家が出てくることに期待する

これもおそらく難しいでしょう。

たとえば、非常に強い政権基盤と高い支持率を持つ安倍総理ですら、社会保障制度改革についてはほとんどなにもできていません。

おそらく、有権者に反対され、支持率を落とすのが怖いのでしょう。安倍総理は第一次内閣のとき、消えた年金問題で叩かれたトラウマがあります。「社会保障に手を突っ込むと政権が揺らぐかも……」と考えているのだとしたら、気持ちはわかります。

日本は民主主義国家なので、政治家は、国民のうち、多数派になりつつある人たちに痛みを強いることは本当に苦手です。

これまで述べてきたとおり、社会保障制度改革を、ここまで少子高齢化が進んだ民主主義国家で実現するのは、非常に難しいのです。政治家にはあまり期待できません。

これは政治家のせいというより、民主主義がもつ宿命のようなものです。

❻現状をきちんと高齢者に説明し、もっと社会保障費を負担させるか、削減に同意させるかする

現状をきちんと説明したうえで、高齢者にもっと負担させるか、給付を削減すればいい

のではという意見もあります。

しかし、これも難しいでしょう。

まず、大半の人は財政に何の関心もありません。

そもそも政治経済の話は、わかりづらくて小難しいものです。

普通なら「ただでさえ疲れてるのに、財政や社会保障みたいな小難しいこと知りたくないよ。そんな暇あったらバラエティー番組や野球見るわ」ってなります。

仕事で専門にこれらの分野に携わる人を除くと、そんなことを勉強する必要性もメリットも少ないです。


加えて、人間は生存本能が強く、また利己的だという性質があります。

誰だって死にたくはありません。また、大半の人は「財政がヤバイのは知ってるが、自分一人くらいいいだろう。もらえるものはもらっておこう」と考え行動します。

現行の社会保障制度から利益を得ている人は、すでにたくさんいます。裕福な人ならまだしも、生活に余裕がなくなる人が増えているなか、この人たちが削減に同意することは考えにくいです。

さらに人間は、「今もらってるものを奪われるのはイヤだ」という心理があります。たとえば「高齢者の間では、医療費は、せいぜい1割とか2割とかその程度のもの」という認識が刷り込まれています。

現状の医療介護制度は、あって当たり前の当然だと考える人が多い以上、負担を増やすのは至難の業《わざ》です。

（ちなみに外国では医療費の自己負担比率が7割の国もあります。ただ、その国の人たちに話を聞いたところ、「もともとそういうものだと認識しているので不満はない」とのことでした）

日本は社会保障が高齢者に偏っており、そのあおりで働き盛り世代が税金と社会保険料をとられ、疲弊しつつあります。

理屈のうえではもっと負担を上げることが必要だとしても、民主主義国家なので、多数派が反対する政策は通りません。

負担を引き上げるとなると、反発するでしょう。

たとえば政治家が「子供や孫に負担をかけさせないために、医療費の自己負担比率を6割とか7割にします。年金も削りますし支給開始年齢は75歳にします」っていったところで絶対に叩かれるし、選挙に落とされるはずです。

聖人君子ならまだしも、**大半の人は自分自身が不利益をこうむることは支持しない**のです。それが人間です。

すでに高齢者と高齢者予備軍とその家族が社会の多数派になりつつあるので、この日本の社会保障やシルバー民主主義の歪みは、民主主義体制のもとでは解決できないでしょう。日本の政治体制や財政、社会保障などの観点から、問題の解決は不可能だと考えるのが自然だと思います。

ちなみに、民主主義というと、現代ではあって当たり前であり、絶対的なものだと考えられがちです。

なかには、「民主主義＝もはや未来永劫変わることはない理想的で不変の政治体制」のように考えている人も多いでしょう。

しかし、歴史を振り返ると、少し違った見方ができます。

民主主義には、**有権者の感情に流されがちで、合理的な意思決定を長期的にできにくい**という欠点があります。

たとえば古代アテネは民主政を確立しました。最初のほうはうまくいっていましたが、だんだん扇動政治家、いわゆるデマゴーグと呼ばれる人たちが増えてきます。アテネは衆愚政治に陥り、非合理的なことばかりやるようになっていきます。その結果アテネは衰退していきました。

同じように衰退していった民主主義国家は、数多くあります。

(かといって、独裁性がよいわけではありません。独裁には独裁なりの悪いところがあります。北朝鮮が好例です)

民主主義は未来永劫存在するのかというと、歴史を見るかぎり不確実です。政治学には「独裁政権は必ず腐敗する」という名言があるのですが、それと同様、民主主義というもののなかにも、民主主義自体を滅ぼす要因が含まれています。

あくまで、民主主義は数ある体制のひとつだと考えておくのがよいでしょう。

もしかしたら、行きすぎた少子高齢化と民主主義により、財政難に陥り衰退した国として、日本の名前は歴史に残るのかもしれません。

歴史上、財政難で衰退した国は多くあります。有名なところだと、フランス革命前のフランス、中国の清、日本の鎌倉幕府などたくさんあります。財政難となった原因は国によってさまざまですが、財政難が国力の衰退につながったことはどれも共通しています。

今の日本が、仮にそうなったとしても、とくに不思議はありません。

（ちなみにいまの中国共産党政府は、財政規律にこだわっています。これは、清の時代に財政難で国力が衰退したことが、欧米列強に侵略される一因となったことへの反省だといわれています）

高齢者側からの反論

このようなことを書くと、高齢者の方からは、次のようなご意見をいただくことがあります。

❶みんないずれは高齢者になるので、働き盛りはもっとお金を払い、高齢者を支えるべきである

これは、お気持ちはわかるものの、あまり共感はされないでしょう。

なぜなら、「じゃあ、今働いてる人たちが年をとったとき、誰が老後の面倒を見るのか？」という問題があるからです。

そもそも高齢者の社会保障費を負担しているのは、いま働き盛りの人たちです。

あとでも紹介しますが、今の現役世代は、今の高齢者が若かった頃より何倍もの社会保障費を負担しています。また、自分たちが作ったわけでもない膨大な借金を、一方的に押

し付けられている状況です。

たとえるなら、高齢者の方々は、「今まで自分たちで散々ウマいもんを飲み食いしたけど、支払いはお前ら若いのに任せた」ってのをリアルに長年やりつづけてきたようなものです。なのに現役世代は、今の高齢者より、はるかに少ない社会保障しか受けられないのが明らかになっています。

今働き盛りの人たちが老いたとき、いったい誰が世話をしてくれるのでしょうか。

社会保障制度が永続しない可能性が高いのだとしたら、今の働き盛りにはまともな老後がないことになります。

以上の理由から、「働き盛りはもっとお金を払い、高齢者を支えるべきだ」という意見は、共感も支持もされないでしょう。

❷高齢者は全然優遇されてないと思う。私は高齢者だが、年々いろいろ削られきびしくなってきている

たしかに、たとえば「今65歳の人が75歳の人より優遇されていない」というのは正しいです。

日本の社会保障は、年齢が上の人のほうが恵まれているからです。

参考までに、先ほども掲載した図4の生年別の受益と負担を再掲します。

問題は、今の高齢者は今の若い世代よりはるかに恵まれているということです。

たとえば年金については、50代以下の人たちは払った額以下の金額しか返ってこないことが、ほぼ確定しています。なので、今の高齢者は50代以下の人たちよりも相対的に恵まれているといえます。

50代の人は40代の人より、40代の人は30代の人より恵まれているのです。

このように、「優遇されている」の定義をどこに置くかによって変わってくるのです。

図4：生年ごとの受益と負担がいくらになるか（年金・医療・介護の合計）

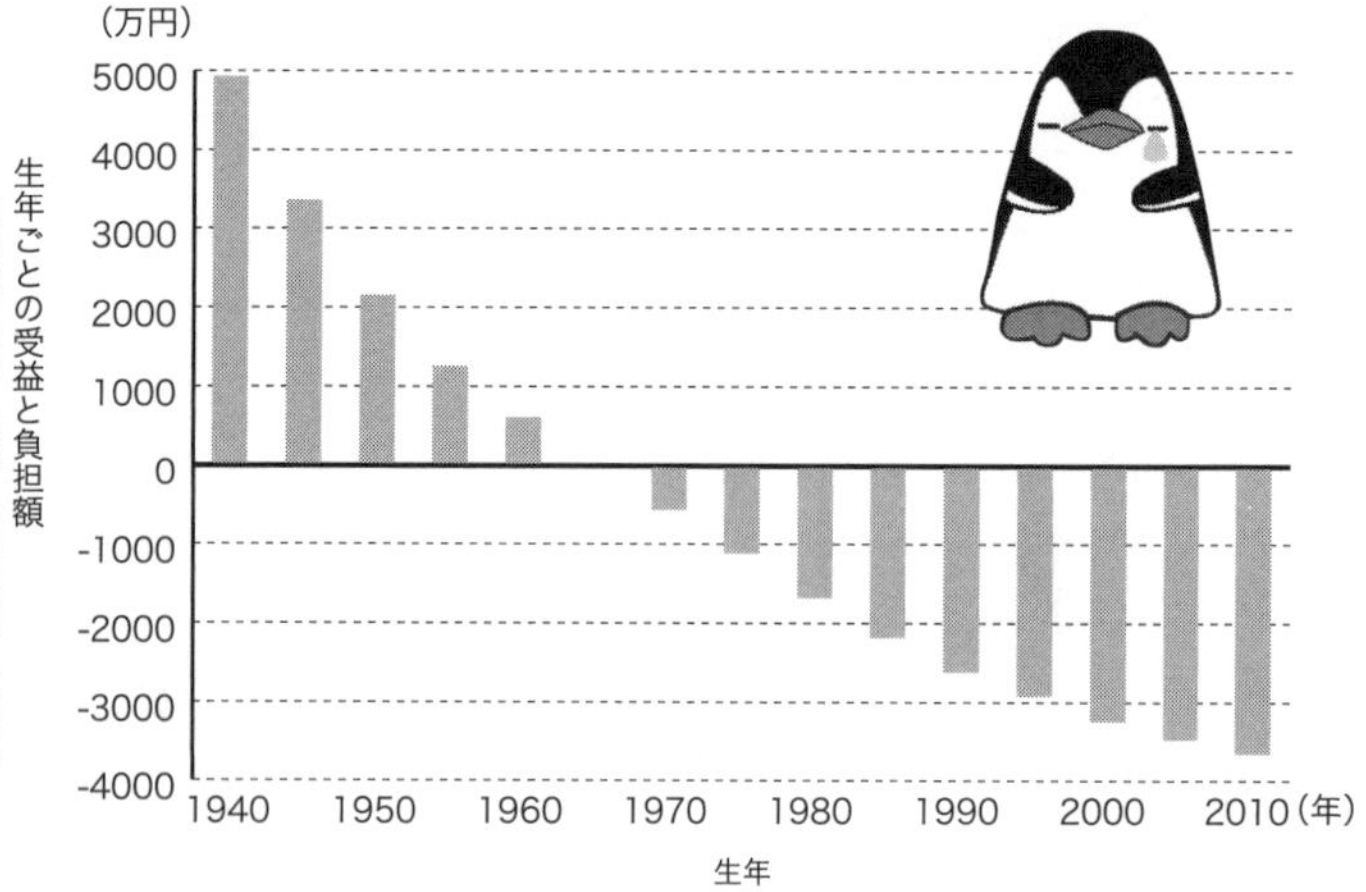

（出典：鈴木亘『社会保障亡国論』より筆者作成）

あまり「高齢者は全然優遇されてない」なんていうと、下の世代からの共感や支持は得られないでしょう。

❸ これまでたくさん納税してきたから受け取るのは当然である

これもお気持ちはわかるのですが、数字を見ると、高齢者は払った分より社会保障給付を受ける分のほうが超過しているのです。

年金・医療・介護について、似たようなことが起きています。この点についての実証研究は多く、専門家の意見は大体一致しています。

ですので、高齢者に対する負担増は、ある意味、その超過分の一部を回収しているともいえます。

また、ある日突然削られるのは無責任すぎるという意見もあります。

これについては、そういう方針を長年選んできた責任を、ある時点で自分たち国民自身が負う必要があります。

日本は民主主義国家であり、国家の方針は自分たち国民が決めた方針です。なので、国家がおかしくなったときは、その責任は国民自身が引き受けねばなりません。

ただ、このとき、誰が割を食うのかというのが問題となります。それがこれから高齢者になるのか、今の若い世代になるかはわかりませんが、結局は誰かが負担することになります。

ババ抜きで、最後には誰かがババをつかむことになるということです。

こうなると、財政に対し一番大きな負担である年金・医療・介護などの社会保障を削るべしという意見が出てきます。

しかし、これは命に直結する問題です。どれも削ると高齢者は死ぬ人が増えます。日本は「現状を続けたら財政が死ぬ。けど財政優先にしたら高齢者を中心とする人たちを殺すことになる。両立させることは困難」という二律背反問題に直面しているのです。

解決のしようがないので騙しだまし進んできましたが、それも限界に達しつつあります。政治家も官僚も学者も、みんな割と頭抱えてるのが現状です。

本来20年前に少子高齢化対策をするべきだったのにそれを先延ばしにし、すでに亡くなった人も含めた上の世代に過剰なサービスを続けてきた尻拭いを、誰かにまとめて払わせることになるでしょう。

遅きに失した感がありますが、もう現実に起きている以上、後悔しても仕方ありません。

❹ 年金や医療をカットしたら死んでしまう。それは基本的人権の侵害なのでは

おっしゃるとおりで、基本的人権を侵害することになります。

ただ、そうはいってもお金がない以上、仕方ありません。

おそらく今後、「高齢者に対する人権は制限されるべきだ」という主張は、じわじわ広がっていくと思います。

もっと具体的にいうと、「若年貧困層や母子家庭には、子育て支援など社会保障をおこなう必要性はある。しかし、財政や社会保障制度の制約上、年金・医療・介護で社会に負担をかけつづけ再起の見込みもない高齢者に対する社会保障の給付はカットしてもやむをえない」という意見が世の中に増えていくだろうということです。

これは、たしかに一見残酷なように見えます。

しかし、高齢者にお金を送る働き盛りの人たちの数が減り、財布も貧しくなりつつある以上、高齢者への社会保障給付はいつか低下せざるをえません。

数々の研究結果が、今まであまり負担してない高齢者が、自分が負担してきた以上の恵まれた社会保障給付を受けてきたことを裏づけています。

いいかえると、現行の年金・医療・介護制度が、本来あるべき水準を超えた好条件であ

ったともいえます。

いま起きている財政と社会保障制度の崩壊は、「おかしな制度が今まで続いていたのが限界に達し、今後は本来あるべき水準に向かって正常化していく過程だ」ととらえることもできるのです。

高齢者の方々は、「今まで恵まれすぎていたのがおかしかった。やむをえない」と、認識を変えることを強いられていくと思います。

結論 日本の財政・社会保障問題の解決は不可能。個々人で財政破綻対策をするべき

これまで述べてきたとおり、日本は少子高齢化が進んでいます。

それに伴い、借金と社会保障の膨張が続いています。

借金は1000兆円を超えています。

また、社会保障給付は毎年110兆円かかります。これは年々増えつづけています。

このうち、約70%は高齢者向けの年金や医療介護費です。

高齢者向けの社会保障に予算が取られすぎていて、若い世代への社会保障が不十分にな

ったり、教育予算が削られたりしています。

とくに医療介護費の問題は深刻で、政府の予想だと、今後10年で医療介護あわせて30兆円増えることが見込まれています。毎年の国民負担額がこれだけ増えるのです。もちろん、その財源のあてはありません。

医療や年金には、税金や保険から多額のお金が出ています。この支出を削減すれば、おもな受給者である高齢者が反対します。負担を増やしたら、現役世代からの支持を失い、経済も傷みます。

どちらの道も取れないので、政府は借金を増やしつづけてきました。

その結果が1000兆円を超える巨額の財政赤字です。

しかし、国債から得られる分のお金も、いずれ現役世代の人たちと、まだ生まれていない人たちが払うことになります。

働き盛りの人の数は、これから減っていきます。一方、高齢者の割合は増えていきます。

これは、人口予測からはっきりと証明されています。

人口は、将来予測がしやすいことで有名です。

移民を入れるなどの改革がなされないかぎり、高齢者の割合は増えつづけ、働き盛りの人の数は減っていきます。

お金をもらう年寄りばかり増えて、お金を払う若い人の数が減っていくのです。

専門家は、民主党（現：民進党）から自民党の安倍政権に変わったとき、このような現状を変える財政・社会保障制度改革が進むだろうと予想していました。

具体的には、十分な増税や社会保障給付削減に踏み切るだろう、と期待していたのです。

しかし、自民党政権の首脳は支持率低下リスクを恐れ、そのような改革には及び腰です。

かといって、自民党以外の政党が政権をとったとしても、同じ理由でやらないでしょう。

有権者が政治家に希望する政策分野1位は、長年「経済」だったのですが、近年は「年金・医療・介護などの社会保障の充実」が1位になりつつあるなか、そんなことをするのは自殺行為です。そもそも、戦後最強クラスの政治基盤を持つ安倍政権ですらできないことを、他の政権ができるわけがないのです。

（もしかしたら安倍総理は、財政や社会保障の問題は解決不可能だと当初から腹をくくっており、外交など何とかなる分野に注力しようと行動してきたのかもしれません。財政や社会保障のような解決がほぼ無理なことがわかっている問題に取り組んで玉砕するより、外交など少しでも後世にプラスになりえるものに取り組みたいと、もし安倍総理が考えているのだとしたら、その気持ちはわからなくもありません)

民主主義は、多数派の人たちに犠牲を強いるのがとても難しいのです。とくに、高齢者と高齢者予備軍という、すでに人口の多数派の人たちに犠牲を強いるならば、なおさらです。

諸外国の例や歴史を見ても、民主主義体制下でそのような痛みを伴う改革をすることは、非常に難しいことがわかります。

ですので、やらないのは民主主義や選挙の側面では、とても合理的な判断なのです。

結局、歳出は増大し、財政破綻リスクが高まりつつあるのが現状です。

日本人は、自分で自分の首を絞めており、これをどうしても止められない状態にあるのです。

日本に蔓延《まんえん》する閉塞感の原因の根本には、この膨大な借金と社会保障があります。

ここまで述べてきたとおり、これを解決する手段はおそらくありません。

財政破綻する可能性が増しているのに、政府には改革を期待できません。

ならば、個々人で対策することが求められます。

日本の財政・社会保障問題は詰んでおり、解決はおそらく不可能であること。

個々人で財政破綻対策を考えたほうがよいということを、理解していただけたらと思います。

第2章

財政破綻の想定シナリオ

またまた突然ですが、クイズです！

Q：日本の敗戦は1945年です。では、この年の日本のインフレ率（物価上昇率）はおよそ何%だったでしょう？

①100%　②250%　③500%

正解は、③の500%です。

第二次世界大戦の敗戦に伴い、日本では実質的な財政破綻が起きました。

その結果、物価は1年で500%以上まで上がったのです。

コンビニで売ってるおにぎりやジュースが、1つ500円を超えたくらいになった世界を想像してみてください。

日本に住む私たちは普段、「モノの値段はあまり変わらない」というイメージを持っています。

しかし、モノの値段は、上がるときにはとんでもなく上がるものです。

この章では、日本の財政破綻とハイパーインフレの可能性について見ていきます。

日本国債を取り上げながら、日本の財政がこれからどのような道を歩んでいくか、破綻するとしたらどんな流れをたどるのか、考察します。

国債が売られると金利が上がるのはなぜか、直感的に説明する

いよいよ財政が危ないとなったとき、どんなことが起きるのでしょうか？

結論からいうと、金利が上がります。

金利が上がるとなぜ危険なのか、直感的に説明してみましょう。

もし、日本の超お金持ちの人、たとえばユニクロ創業者の柳井正さんと、この文章を書いている私の二人が、あなたの目の前にいたとします。

この柳井さんと私があなたに対し、「１００万円を貸してほしい」といったとします。

あなたは、柳井さんと私、どちらにお金を貸しますか？

おそらく、柳井さんに貸すはずです。

柳井さんのほうが私よりもお金をいっぱい持ってるので、返してくれる可能性が高いからです。

もちろん私も借りたお金はちゃんと返す人間ですが、客観的に見ても私より柳井さんのほうが金銭的な信用力は高いです。

ですが、私はどうしてもお金が必要で、あなたからお金を借りなければなりません。

なので私は、「私はあなたに年利５％の金利を払います」といいます。

もし柳井さんが年利１％しか金利を払わないといったら、あなたはどうしますか？

もしかしたら、柳井さんより私にお金を貸すかもしれません。

金利が高いってのは、つまり信用力が低い分を、高い金利でカバーしてるって意味なんです。

これは、国にもあてはまります。

金利が高い国は、つまり信用力が低いということなのです。

このあたりのことを、もう少し詳しく説明してみます。

まず、とりあえず理屈はおいといて、「金利と国債価格は反比例する」と覚えてしまってください。

(このあたりの理屈はもう理解しているよという方は、この節は飛ばしていただいてOKです)

金利が上がるとき、国債は売られています。
金利が下がるとき、国債は買われています。
国債価格が上がるときは、金利は下がっています。
国債価格が下がるときは、金利は上がっています。

「え……どうして……?」と思う方も多いでしょうが、そういうものなんだと、まず覚えてしまいましょう。

覚えていただけましたか？

そうしたら、国債が売られたら金利が上がる理由を、直感的に書いてみます。

もしわかりづらければ、文章を読みながら、紙に自分で図を描いていただくと、理解が深まると思います。

また、もし以下の説明が理解できなければ、「金利と国債価格は反比例する」とだけ覚えて、次の節に行ってしまっても構いません。

（なお、金融に詳しい方は、細かい説明がいろいろ抜けてるじゃん！　とお怒りかもしれません。あくまで今回は初心者の方に直感的な理解をしてもらうため、大幅に簡略化しています）

まず、ここにA国があります。

A国は、財政がすごく健全な国です。経済も好調で、社会保障問題もありません。

あなたは10000円でA国の10年物国債を買ってみます。

10年物とは、10年後に10000円が戻ってきますよ、という意味だと考えてください。

このとき、A国政府は、

「私たちA国の国債を買ってくれたら、私たちA国政府は、A国の国債を持っている人に、10年間は毎年100円の利息を払いますよ。また、10年後は10000円で、その国債を、A国政府が買いとるよ。つまりずっと持ってたらあなたに10000円が戻ってきますよ」

と約束します。

A国政府はこの100円を「私たちは毎年絶対に払うよ！」と約束しています。

また、「10年後に10000円をお返ししますよ」とも約束しています。

この2つの約束を守らなかったら、A国は信用を一気に失います。

あなたは10000円をA国政府に払い、A国政府から10000円分のA国国債をもらいます。

A国政府はあなたから10000円をもらいます。

A国政府は、受け取った10000円で、道路工事をしたり年金を配ったりと、いろんな政策をします。

1年たつと、A国政府は、あなたに100円を払います。

これが10年間は毎年続きます。

あなたは何もしなくても、10000円払ったら、毎年ぜったい100円入ってくるのです。

また、10年たったら、最初に払った10000円も返ってきます。

合計で100円×10年＋10000円＝11000円が返ってくるのです。

10000円をA国政府にはらって、合計で11000円もらえることになります。うれしいですね。


このとき、あなたは合計で1000円÷10000円＝10％儲かることになります。

A国の国債を買うということは、毎年100円ゲットする権利を得ることと同じ意味になるからです。


しかし、A国は放漫財政に走るようになり、財政が悪化しました。

もはや、債務不履行（デフォルト）の瀬戸際まで追い込まれています。

ちなみに、債務不履行とは、借金踏み倒し宣言です。「もうA国は財政破綻したのでお金払えませんよ」ということです。

A国の国債を持ってるあなたは、不安になるでしょう。

A国に1０００円払ったのに、帰ってこなくなるかもしれないからです。

また、毎年1００円もらってた分も、もらえなくなる可能性もあります。

そうなると、A国の国債は紙クズになってしまいます。

あなたは、手元にあるA国国債をどうしますか？

「こんな危ない国債、紙クズになる前になるべく早く手放したい！」と思うはずです。

というわけで、売ることにします。

世の中には、A国の国債を売買する市場があります。魚市場の競りや、ヤフーオークションのようなものをイメージするとわかりやすいです。

あなたは国債をカバンにつめこみ、この市場まで歩いていき、「私が持ってるA国国債を、誰か買ってくれや〜」と呼びかけました。

そうすると、「じゃあ5０００円なら買ってやるよ」というBさんが現れました。

あなたは10000円でA国国債を買っているので、「えっ、自分は10000円で買ったのに、5000円かよ……。差額の5000円分損しちゃうじゃねえか……」と、内心悲しい気持ちになります。

なので、あなたは「もうちょい高く買ってくれませんかね？　たとえば7000円とか……」といってみます。

すると相手のBさんは「いや〜気持ちはわかるけど、A国はつぶれそうなんだよね。みんなヤバイヤバイといって売りまくってる。自分もA国はヤバイと思う。けど、自分はA国は復活すると信じる。10000円なら高くて買わないけど、5000円くらいなら払ってもいいと思ってるよ。他の債券投資家たちも、みんなA国の国債は5000円だっていってるし」といいます。

A国国債の競りのオークション価格を見ると、たしかにちょうど売りたい人と買いたい人が5000円のところに集中しています。

つまり、A国の国債は5000円の価値があるとみなされているということです。

Bさんは「A国国債はヤバイけれど、まぁ5000円程度の価値はあるだろう」と値踏みしているのです。

あなたは、「A国はいつ財政破綻してもおかしくないし、A国の国債は紙クズになるかもしれない」と思っているので、なるべく早く売りたい。

つまり、あなたと相手のBさんとは、A国国債の今後について、予想が違うのです。

紙クズになると予想しているあなたは、「紙クズになるよりはこのBさんに5000円で売ったほうがまだマシだ」と考え、Bさんに5000円で売りました。

このあと、もし10年後にA国が復活し、経済が絶好調になった場合、5000円で買ったBさんは10年後、100円の利息×10年分の1000円の利息を得ることになります。

A国は破産しなかったので、A国政府は5000円で買ったBさんに対し、毎年100円を払いつづけることになるからです

また、A国が破産しなかったので、A国国債は、10年後に10000円でA国政府が買い取ってくれます。

ですので、A国国債を5000円で買ったBさんのところには、この1000円の利息と10000円の買い取り分の、あわせて11000円のお金が入ってきます。

よって、Bさんは5000円を出し、10年後に11000円ゲットできたのです。

1100円÷5000円＝2・2倍に増えたことになります。

Bさんは、A国国債が暴落し5000円になったときに買ったので、その後A国が復活したときに、投資したお金の2・2倍が返ってきたのです。

もし10000円のときに買ったものをそのまま持ってたら、10年間でも100円×10年＝1000円分、つまり1000円÷10000円で10％しか儲からなかったはずです。10％と120％では、かなり違います。

国債の世界では、「国が借金踏み倒しをしないという条件のもと、この国債を最後まで持つと、最終的にいくら儲かるか？」という考え方をします。

A国が破産して借金踏み倒しするかしないか怪しいとき、Bさんはリスクをとって A国国債を買ったのです。5000円のとき、Bさんは勇気を出して5000円で買いました。その勇気の見返りに、Bさんは投資金額が10年で2・2倍になったのです。

なお、A国が危なくて、A国国債が5000円のとき、A国がもっと国債を発行したいとしたら、どうなるでしょう。

1年100円を10年支払い、かつ10年度には10000円を支払わないといけない国債の価格は、5000円です。

つまり、いま5000円を得るためには、1年100円×10年間+10年後の10000円=11000円を10年後に支払う必要があるという条件でしか、A国は国債を出せないわけです。

すなわち、A国から見ると、いま5000円を得るために10年後11000円を支払うという借金の契約をしていることになります。

金利は、10年間で11000÷5000円=2・2倍=220%、つまり10年間で120%の金利になります。単純に10年で割ると、1年あたりの金利は12%です。

A国が昔健康だったときは、10000円で年間100円という条件で国債を出せていました。

「A国政府は100円を毎年払いますし、10年後に10000円をお返ししますよ」と約束しており、それにお金を払う人たちがいたからです。

つまり、100円÷10000円=1%が年間の金利だったのです。

国債の値段が10000円から5000円まで売られると、年間1%だった金利が、年間12%の金利になってしまったのです。

国債が売られると、金利が上がることは、直感的にはこのように理解するとわかりやすいでしょう。

(もしこれでもわからなかったら、「国債が売られると金利が上がる。以上!」と覚えてしまうのがおすすめです)

ちなみに、A国が危ないとき、あなたから5000円で買ったBさんは、A国がつぶれないと思ってA国国債を買っています。

ですので、もしA国が本当に債務不履行、つまり借金踏み倒し宣言をしてつぶれてしまった場合、Bさんが5000円出してあなたから買ったA国国債は紙クズになります。

そのとき、Bさんは大損を食らいます。

そのA国がつぶれて大損するリスクと引き換えに、もしA国がつぶれなかったら大儲けできることを狙って、Bさんはあなたから A国国債を買ったのです。

A国が破綻するかしないかきわどいとき、Bさんのように、5000円を出して、この10年間で120%という高金利のA国国債を買いますか?

金利が高い国債を買うということは、その見返りに国がつぶれるリスクを背負っている

ということが、理解していただけたと思います。

（ときどき証券会社が「高金利の外国の国債を買いましょう」という宣伝文句で投資信託の営業をしていますが、世の中そんな美味しい話はありません。その国の国債が危ないから、金利が高くなっているのです。金融の世界で美味しそうな話を耳にしたら、「罠があるのでは？」と、必ず疑ってかかってください）

以上が、国債が売られると金利が上がるからくりです。

本章で日本の財政破綻について見ていくにあたり、このからくりを事前に知っておいていただきたかったので、冒頭に書きました。

では、ここからは、いざ日本の財政破綻について見ていきましょう！

……といいたいところですが、すみません、もう少し待ってください。

日本について見る前に、１９９１年に崩壊したソビエト連邦（ソ連）&その後のロシア連邦の財政破綻について紹介します。

これは、実際に財政破綻した国を見てからのほうが、日本の財政破綻をよりイメージしやすくなるだろうからです。

というわけで、まずはソ連（ロシア）の破綻について説明します。

ソ連崩壊と、その後のロシアの財政破綻

20世紀のはじめに成立した社会主義国家ソビエト連邦（ソ連）は、1991年の12月25日、崩壊しました。

ちょうど崩壊時に偶然ソ連に旅行していた知人（日本人）によると、当時の首都モスクワは、次のような状態だったそうです。


「私は、ソ連崩壊時にたまたまモスクワに行く用事があった。

空港は真っ暗で、電気はついていなかった。ロシア語は読めないので心細かった。

バスを降りたら物売りがわーっときた。何十人も突進してきて怖かった。身なりはひどく、生活は困窮しているようだった。

街中にはモノがなにもなかった。やっと見つけたが、ソ連の通貨であるルーブルは受け取ってくれなかった。仕方なくドルで払った。

カラカラの天気で、雪も降っていなかった。

ホテルに着いた。トイレはぼろぼろで、便器の蓋はなかった。娘はまだ小さくて、どう用をたせばよいのかと泣いたため、便器の上に立って用をたせといったことを記憶している」

崩壊する前から、ソ連には深刻な問題がありました。

まず、ソ連政府はひどい財政難でした。この原因は、ソ連が長年にわたり軍拡を続け軍事費がかさんでいたことや、企業や個人に多額の補助金を出していたことなど、たくさんあります。

また、ソ連共産党による全体主義の独裁体制が続いていました。このような体制はたいてい、特権階級と一般市民の間に、大きな格差を作ります。今の北朝鮮がよい例ですね。北朝鮮では、金正恩をはじめとする政府高官に近い人ばかりよい思いをしています。ソ連も北朝鮮と同様、党や軍などの特権階級が、国家の富を独り占めにしていました。このような特権階級に一般市民が入るのは、ほぼ不可能でした。

こうなると、一般市民はやる気と希望をなくし、仕事をサボるようになります。皆がそうなってしまうと生産性は上がらず、国の経済全体がダメになっていきます。生産性は低く、近代化も遅れ、自由主義・資本主義を唱えるアメリカや西側先進国との経済格差は、ますます開いていきました。


このように、ソ連の経済はだんだん腐っていきました。

にもかかわらず、ソ連政府は軍事費や補助金を相変わらず出しつづけていました。

こんなことをしていると、当然、いきづまります。

そんなときにゴルバチョフという人が出てきて、ソ連を立て直そうと改革に挑戦したものの、紆余曲折あって失敗しました。


結局、1991年の12月25日、ソ連は崩壊します。

その後、ロシア連邦が成立しました。


では、崩壊前後、どんなことが起きたのでしょうか。

結論からいうと、ひどいことが起きました。

ソ連崩壊後、もともと起きていたハイパーインフレーションが、さらに加速しました。


そもそも、インフレとはなんでしょうか。

結論をいうと、インフレとは、その国で使われるおカネの価値が下がることです。モノの値段もたいてい上がります。たまに値段が下がるモノもあるので一概にはいえないのですが、たいていのモノの値段は上がるので、インフレのときはモノの値段が上がると考えてしまってもいいでしょう。

「インフレ＝おカネの価値が下がる。たいていのモノの値段は上がる」と覚えてください。

また、モノの値段が上がることを、物価が上がるといいます。

どれだけ上がったかという割合を、「物価上昇率」または「インフレ率」といいます。物価上昇率とインフレ率は同じ意味です。

話をソ連に戻すと、１９９２年のインフレ率は、なんと２５００％でした。

１年前には銀行口座に２５０万円預金があったのが、わずか1年で10万円になってしまうようなものです。想像すると怖くなりますね。

ハイパーインフレが起きた根本的な理由は、ソ連時代に生み出された膨大な財政赤字のツケを払わされたことです。

モノがなく、国家に対する信用も低いため、貨幣の価値が暴落していったのです。

また、新たに成立したロシア政府が急激な経済自由化をおこなったことも一因です。ソ連はもともと、中央政府が生産設備を独占していました。崩壊後、ソ連時代に作られた生産設備は、格安で民間人に払い下げられました。その人たちは、生産設備を実質的に独占できたので、価格を吊り上げていきました。加えて、社会の変化が急すぎて、時代に追いつけず、没落していく人たちがたくさん出てきました。

そりゃそうです。何十年もバリバリのソ連流統制経済や社会主義体制のもとで暮らしていたのに、いきなり西側先進国流の自由主義や資本主義に慣れろといわれても難しい話です。

社会事情を無視し急激に自由化したせいで、大混乱が起き、市場メカニズムが壊れてしまいました。

以上のような背景のもと、ハイパーインフレが加速していき、モノの価格はどんどん上がっていきました。

ハイパーインフレーションが起きると、貨幣の価値が下がっていきます。

ロシアの通貨ルーブルも、価値が暴落していきました。

そうなると、みんな貨幣を信用しなくなり、モノを持つようになります。

給料も貨幣ではなく、現物支給になりました。まるで江戸時代に侍が給料をコメでもらっていたような感じですね。

また、運悪く原油など資源価格も低迷しました。

ロシアの主産業は、原油や天然ガスなどの天然資源の輸出です。

資源価格が下がると、景気は悪くなります。

そうなると、税収は減り、財政難が加速していきます。

財政難になると、公務員の給料もカットされます。これによって、賄賂《わいろ》をもらう公務員がたくさん出ました。予算の執行もいい加減になり、お金をちょろまかす役人も多発しました。

このような悪条件が重なり、財政はますます赤字になっていきました。

さらにまずいことに、年金・医療などの各種社会保障制度が、廃止されたり大幅カットされたりしました。

いちおう年金や医療のシステムはあったものの、これも財政難から支給水準は低いものでした。

年金だけではとても暮らしていけるレベルには遠く、医療にいたっては入院してから手術するまで何ヶ月も待たされるような状態でした。


ソ連時代、質は低かったものの、医療は基本的に無料でした。

それが財政難により廃止されたり、大幅カットされたりしたわけです。

そうなると、お金のある人はいいですが、ない人は医療を受けられなくなります。

これによって、おもに貧しい高齢者や病人を中心に、数百万人もの人が死ぬことになりました。

年金が足りず、貧乏でお金のない人は、医療サービスのお金を支払えないし、薬も買えません。

その結果、ソ連時代に年金や医療などの社会保障で生きながらえていた人たちは、ソ連崩壊前後の数年間で、バタバタと大量に死んでいったのです。

ちなみに、ソ連時代の1986年からロシアになった1994年にかけて、男性の平均寿命は65歳から58歳へと7歳も減りました。わずか10年たらずでこれだけ減ったのです。いかにソ連崩壊後の混乱で人がたくさん亡くなったかがわかります。

（参考までに、これほどの人が亡くなった大きな原因は、人生に絶望し、ウォッカを大量に飲む人が増えたからです。ウォッカのように度数の強いお酒をたくさん飲むとアルコール依存症や中毒になりやすいですし、心臓系の病気にもなりやすくなります）

社会保障がなくなると、社会保障に頼り生きながらえていた人は、本当に簡単に死んでしまいます。

政府が機能を停止したから仕方ないといえばないのですが、現実にそうなると、やはり人の命はどんどん失われていくのです。

（このような歴史を知ると、「日本の財政が厳しいから、社会保障を高齢者向けを中心に削るべきだ」という方針は、政府としてはやりづらいことがわかると思います。財政の理屈のうえでは正しいとしても、社会保障を削ると人が死ぬので、人道上の観点から批判されやすいからです。仮にやるとしたら、財政難でそれをやらざるをえない状況に追い込まれたときになるでしょう）

こんなことが続くと、当たり前ですが、社会不安が広がっていきます。

そんななか、1997年からアジア通貨危機が始まりました。

これの余波を受け、ロシアは追い込まれていきます。

そして結局、1998年8月に債務不履行宣言（デフォルト）をします。

要は、「もうロシアは借金を払えなくなりました」と宣言したのです。


その後、預金封鎖やデノミがおこなわれました。

預金封鎖とは、銀行預金の引き出しを制限することです。たとえば100万円預金している人がいたとして、このうち90万円は引き出せなくなったら、これは預金封鎖になります。財政破綻との関連でいうと、政府は預金封鎖したうえで、銀行のなかにある資産を把握し、それに対し高い税金をかけます（日本では戦後の混乱期である1946年2月に、預金封鎖がおこなわれました。その結果、戦前から持っていた旧紙幣はほぼ無価値になりました）。


デノミとは、デノミネーションという英語の略称で、通貨の単位を切り下げることを意味します。

たとえば日本でハイパーインフレーションが起きて、コンビニのおにぎり1個が100000円（10万円）になったとしましょう。これでは計算するのが大変すぎます。なので政府は「これからは円の単位を1000分の1に切り下げます」と宣言します。そうすると、今までの1000円は1円の価値になります。これがデノミです。これによって、おにぎり1個は10000円÷1000＝10円となります。これで計算がしやすくなりますし、なんとなく人々の気持ちが落ち着いていくという効果もあります。

このような預金封鎖やデノミがおこなわれた結果、ロシア経済はさらに大混乱し、治安も悪化していきました。

（なお、そんななかで登場したのが、あの有名なプーチンです。本書のテーマとは関係ないので詳しくは触れませんが、彼は壊れかけたロシアを強引にまとめていきました）

この節では、ソ連（ロシア）の事例を見てきました。

ここからは、いよいよ日本の財政について考察していきます。

長年、日本の財政はヤバイヤバイといわれつづけています。

もしかしたら読者の方は、日本でもソ連（ロシア）みたいなことが起きるかも……と思う方がいるかもしれません。

しかし、話はそんな単純ではありません。

日本の財政は当時のソ連（ロシア）と比べ、現時点では安定しています。

その理由を説明します。

日本の財政はなぜこれまで安定してきたのか

「日本の財政はヤバイ」という話はよく聞きます。

しかし、たとえば、「あした日本の財政がいきなり破綻し、ハイパーインフレーションが起きる」と考える人は少ないでしょう。

日本の日常生活を見ると、なんか落ち着いた感じというか、みんな割とおだやかに生活しています。

一見すると、何も問題ないように見えます。

では、これはなぜでしょうか。

その背景を見てみましょう。

❶日本国債が買われつづけていること

日本の国債は買われつづけています。

現時点で、日本国債の一番大きな買い手は日本銀行です。中央銀行が国債を買うのは、後ろで説明する財政ファイナンスやヘリコプターマネーとみなされるリスクがあります。なので、本来あまりよい買われ方ではないのですが、とりあえずは買われています。おかげで、国債の金利も低い状態です。

日本国債は今のところすぐに破綻することはないとみなされています。円が売られて紙クズになる！　といってた人たちは10年以上前からいましたが、これまでのところ、すべて予想をはずしつづけてきました。

❷国債が国内で消化されていること

日本国債のうち9割以上は、日本国内の金融機関によって買われています。外国人の日本国債保有割合は、せいぜい10％程度です。

ですので、「国債は国内で消化されている。外債を出しているならともかく、日本国債は国内で消化されてるから大丈夫」と主張する人もいます。

（もっとも、国内で消化されているからといって安心はできません。詳しくは、次の「日本の財政は今後も安定しつづけるのか」という節で説明します）

❸日本の経常収支が黒字で、対外純資産も多いこと

日本は経常収支が黒字です。

経常収支は、細かく説明すると非常にわかりづらいので、とりあえずは、

・その国が海外からどれだけ稼げるか？　という力

・その国の貯蓄

の、両方を満たすものだと考えておいてください。

たとえば、経常収支がけっこう黒字だと、海外から稼ぐ力が強く、国内では貯蓄がいっぱいあることを意味します。

また、経常収支が赤字になると、海外から稼ぐ力が弱く、国内の貯蓄はマイナスであることを意味します。

国内の貯蓄がマイナスだと、国内のお金だけでは、その国の国債を買いささえることができません。

そうなると、背に腹はかえられず、海外の人に国債を買ってもらうことになります。

ただし、外国人は経済合理性に基づき国債を買います。金利は多少高くしないと買って

くれません。そうなると、政府は借金の利子を多めに払う必要があります。これでますます財政は厳しくなります。

また、もしその国の財政がダメだと判断されたときや、世界経済が混乱したときなどは危ないです。

外国人からお金を調達するような国の国債は危ないとみなされがちなので、そういう国の国債は容赦なく叩き売られます。

これが債務危機や、財政破綻につながります。

これまで、世界では数々の債務危機や財政破綻が起きてきました。

これらの国を見ると、ほとんどが経常収支が赤字で、外国人に国債を買ってもらっていた国ばかりだったのです。

つまり、外国からお金を入れて国を回していたのが、外国人がお金を引き上げたので一気に金融不安が起き、債務危機や財政破綻が起きたということです。

また、これらの国の政府は放漫財政していたケースも多くありました。そこに経常収支が起爆剤となり、危機が起きていきました。

これに加えて、日本は対外純資産を多く持っています。

対外純資産とは、日本政府・日本企業・日本国民が海外に持つ資産の合計額から、日本政府・日本企業・日本国民が海外に持つ負債額を引いた金額です。

日本の場合、対外純資産は300兆円を超えています。

これは、何かあったときのバッファー、つまり緩衝材みたいなものだと考えておいてください。

今後仮に多少経常赤字になったとしても、これまでによく起きた経常収支発での債務危機は、いまのところ、日本では起きにくいと考えられます。

以上の理由により、日本の財政はこれまで安定してきました。

日本の財政は今後も安定しつづけるのか

このような背景のもと、国債が買われつづける形で、日本の財政は安定してきました。

では、日本の財政は今後もずっと安泰なのでしょうか?

結論からいうと、違います。

おもに、次のような問題があるからです。

❶日銀は国債を永遠に買いつづけることができない

今、日本国債の金利はとても低いです。

これはなぜかというと、日銀が国債を大量に買っているからです。

では永遠に買いつづけることができるか……というと、できません。

現時点で、日銀は300兆円を超える長期国債を抱えています。

こんな状態で、仮に金利が上がったら、国債価格は暴落します。国債を持っている日銀には、評価損が発生します。

慶應義塾大学教授の深尾光洋氏は、『量的緩和、マイナス金利政策の財政コストと処理方法』という論文で、「金利が2％になったとき、だいたい50兆円程度の損失が日銀に発生する」という試算を出しています。

これが仮に金利5％になったら、さらにひどい事態になります。

このまま行くと、最悪、日銀が破産する可能性もあります。

「中央銀行が破産するわけないだろう」と笑う方もいるでしょうが、理屈に従えば、破産する可能性はあるのです。

日銀は日本経済の心臓部です。

もし日銀が破産したら、私たちの想像をはるかに超える悪影響があるでしょう。

これだけは、絶対に避ける必要があります。

なお、参考までに、日銀が破産したらどうなるのでしょうか。

結論をいうと、最終的には政府が日銀の損失分を穴埋めすることになるでしょう。いわゆる資本注入です。

日銀は日本経済の心臓部であり、絶対につぶせない機関です。

仮に破産の瀬戸際に追い込まれた場合、政府による支援以外の方法はありません。

(「日銀は中央銀行だし、自分で50兆円分紙幣を印刷して注ぎ込めばいいのでは」という意見もありますが、そうなると即ハイパーインフレが起きて経済がめちゃくちゃになります)


とはいえ、政府の資本注入も大変です。

50兆円というと、年間の国家予算のだいたい半分です。

増税か国債発行になるのでしょうが、増税したら経済が傷つきますし、国債で調達するとますます財政が赤字になります。

ただでさえ経済も財政もきついのに、そんなこと、本当にできるのでしょうか。

現時点では、国債の大量購入は続いています。

ただ、それに比例し、金利上昇時のリスクも増えています。

日銀が出している文書を読むかぎり、日銀首脳陣も、これ以上国債をたくさん買うのは危険だと理解しています。

ですので、日銀によるいつまでも国債購入が続くと考えるのは、やめたほうがいいでしょう。

なお、日銀の国債大量購入の副作用は、有権者に危機感を感じさせないというものです。

仮に日銀が大量購入していなかったら、現時点ですら金利はもっと上がっていたでしょう。

そうすると、有権者も危機感を抱き、なんとかしないといけないな、という共通認識が生まれます
しかし、日銀が大量購入しているおかげで、国債は暴落していませんし、金利も上がっていません。

当然、危機感も生まれません。

人間、危機感を感じないと動かないものです。学生時代を思い出してほしいのですが、たとえば試験勉強は追い込まれないとなかなか本気モードにはなれないものです。夏休みの宿題も、一部の学生を除き、期限ギリギリから始める人が大半です。

今の低金利と見せかけの財政の安定は、日銀による国債の大量購入によって人為的に作られたものです。

私たちが、お風呂でぬるま湯にひたり「日本は安定しているなぁ」とのんびりしていられるのは、裏で日銀くんががんばっているからです。

日銀くんがある日「俺、もう、これ以上はがんばれない……」となってぽっきり折れてしまったら、ぬるま湯は突然沸騰して熱湯になり、風呂のなかでのんびりしている人は大やけどを負うでしょう。

❷国債の売買市場には外国人も参加している

外国人は日本国債をあまり保有していませんが、国債の売買市場には外国人も多く参加しています。

たとえば、東洋経済新報社『図説 日本の財政 平成28年度版』によると、国債の現物市場では30％、国債先物では55％が外国人の取引になります。

これは結構おおきな割合です。

その彼らが一斉に売りに傾いた場合、国債価格が暴落する可能性があります。

そうなったら、金利が上がってしまいます。

2016年の日本銀行「金融システムレポート」によると、金利が1％増加すると、日本の金融機関には全体で7・5兆円程度の評価損が生じるという試算が出ています。

これが銀行の収益を直撃します。銀行のみならず、日本国債を持つ日銀も評価損を食らいます。

日本の金融機関の利益は吹き飛び、金融不安が起きる可能性があります。

これが日本の金融システムを破壊していきます。

❸すでに国債を持っている日本の金融機関が売る可能性もある

そもそも、日本の金融機関は未来永劫国債を売らないのでしょうか？

そんなわけありません。金融機関は、国債を売ることができます。

彼らが日本の会社であり、社員は日本人であるからといって、今後も大丈夫だと思うのは、根拠のない希望的観測です。

銀行が今後国債を買わなくなったり、売りにまわったりする可能性は十分あるのです。事実、直近でメガバンクは国債を売りはじめています。地銀や信用金庫はまだあまり売る気配は見られませんが、これも果たしてどうなるかわかりません。

❹ 歴史を見ても、国債を国内で消化していた国が財政破綻した例がある

歴史を振り返ってみても、「国内で消化されてるから大丈夫論」は間違っていることがわかります。

たとえば、第二次世界大戦下の大日本帝国では、軍事手形・戦時国債は国内で消化されていました。

しかし敗戦と同時に政府の信用はなくなり、実質的なヘリコプターマネーで調達していた軍事手形・戦時国債は紙クズになりました（ヘリコプターマネーについては、後ろで説明します）。

結局ハイパーインフレが起き、日本経済は大混乱に陥りました。

（※参考までに、1945年のインフレ率は500％を超えていました。また、1946年には預金封鎖もおこなわれました）

国債を国内で消化していた日本自体が、戦後、財政破綻したのです。

❺貯蓄率がマイナスになり、経常収支が赤字になる可能性もある

日本は高齢化が進んでいます。高齢者は貯金を切り崩し生活するので、国家全体で見ると貯蓄率が低下する傾向があります。すでに家計貯蓄率はゼロ近いです。

経常収支は、前の節の❸で述べたとおり、貯蓄率が下がると赤字圧力がかかります。

このまま高齢化が進み、貯蓄率が下がっていった場合、経常収支が赤字になり、国債を外国人に買ってもらわざるをえなくなる可能性があります。

国内で消化できなくなったら、財政破綻に一歩近づきます。

このとき、誰も国債を買い支えつづけられなくなります。

加えて、2020年前後に団塊世代が後期高齢者になり、医療・介護で政府の財政赤字がさらに増えることが予期されます。

つまり国債はもっと発行せねばならないのですが、高齢者はますます貯蓄を取り崩します。

国内の貯蓄だけで国債を買いささえることができないことが引き金となり、財政破綻が起きる可能性があるのです。

なお、先ほど述べた対外純資産は、バッファーにはなります。

しかし、そのバッファーもわずか300兆円程度です。積み上がってる1000兆円の借金の前ではたいした金額ではありません。

おまけにこれはおもに企業と個人のものであり、本来、政府が勝手にどうこうできるものではありません。

日本の政府債務はものすごく大きいです。

貯蓄率がマイナスになり、経常収支が赤字になったときは、非常に危険です。

❻国債の格付けが下がる可能性がある

第1章でも説明したとおり、日本の財政問題の原因は少子高齢化に伴う社会保障の膨張であり、これが解決する見込みは今のところまったくありません。どの政権だろうが、解決はおそらく不可能です。

また、第2章でこれまで述べてきたような論点も考慮すると、格付け会社が今後、日本国債の格付けを下げていくことが予想されます。実際、格付け各社の日本国債格付けは、低下傾向にあります。

格付けが下がると、金利が上がります。これは、危ない国が出す国債は高い金利を払わないと誰も買わないからです。とくに国債を買う機関投資家は、規定上、高格付け債でないと買いにくいです。

そうなると、ますます国債の利払い費や国債償還費が増え、財政赤字が加速します。今は日銀が大量に国債を買っているのでなんとかなっています。しかし、日銀の大量購入が止まり、格付けが下がると、必然的に金利は上がっていくでしょう。

以上の理由により、「日本の財政は大丈夫だ！」という一部の評論家の方々が最近よく主張している、たとえば、

「国債は国内で買われているので、財政破綻は起きない」

「政府がいくら国債を発行しても、日銀が買うので、財政破綻は起きない」

「日本は対外純資産がたくさんあるから、財政破綻は起きない」
「長期金利が上がったとき、名目成長率は高くなり税収も増えるので財政は健全化される」
などの主張は、彼らには申し訳ないのですが、おそらく正しくないといえるでしょう。

結論としては、日本の財政は危険な状態です。
第1章で説明した社会保障の問題とあわせ、日本の財政問題は解決しないと思われます。

「日本の財政は大丈夫だ!」という一部の評論家の方々が間違っている点

前節の最後のほうで、「日本の財政は大丈夫だ!」という一部の評論家の方々の主張が正しくないということを書きました。

せっかくなので、彼らの主張をいくつかピックアップし、彼らがどの点で誤解しているのかを指摘しておこうと思います。

(個人的には、彼らを責める気にはあまりなれません。財政や経済の問題はとてもややこしいので、つい間違ったことをいってしまいがちだからです。こういっている私自身、事実認識に間違いがないか確認しながら、できるかぎり慎重に本書を書いているとはいえ、もしかしたらどこか

で勘違いしている箇所があるかもしれません)

彼らの主張例① 日銀は政府の子会社のようなものである。日銀の資産を政府のバランスシートに連結させたら、政府の債務はなくなる

(これのどこが間違っているのか)

日銀の資産を加えるのならば、負債も加えないといけません。

日銀が国債買い入れでやっていることを簡略化すると、民間銀行からお金を借り、そのお金で国債を買う、というものになります。

つまり、日銀は借金をして国債を買っているのです。

よって、日銀のバランスシートを政府のバランスシートとくっつけても、美味しい日銀の資産だけではなく、日銀が抱える負債もくっついてやってきてしまうのです。

以上より、政府の負債は、日銀のバランスシートをくっつけたところで、消滅しません。

彼らの主張例② マイナス金利のうちに国債を発行し、日銀に買わせつづければ、政府にとってプラスである

（これのどこが間違っているのか）

これをやると、平時においては、たしかに政府にとってはメリットです。

しかし、金利上昇時、国債価格は下がるので、国債を購入する日銀が損をします。

日銀は2％上がると50兆円以上の損失を抱えることになり、日銀は債務超過になります。

また、暴落せずとも、国債の償還時には額面のお金しか返ってこないので、国債を抱えている日銀にとっては損失になります。

いずれにせよ、日銀にとっては損失になります。

マイナス金利の間にさらに国債を発行すると、日銀が損失を抱えるリスクが増えます。

この損失で得をする人はどこにもいません。誰にとっても、純粋な損になります。

日銀が損をして、もし債務超過にでもなった場合、政府はお金を日銀に注入する必要があります。

これは国民のお金です。

おまけに、金利が上がっているとき、政府が高い利子を払わないと国債を誰も買ってくれなくなるため、政府にものすごい財政負担がかかります。

日銀にお金を注ぎ込む余裕なんてないでしょう。

以上が理論的な説明です。

直感的にも、「政府がこれ以上お金を借金して、これを日銀に引き受けさせる。これが成功しつづけたら無から有を生む錬金術だ。いまは一時的にこれがうまくいっている。しかし、今後もずっとこれを続けることができるのだろうか。そんな美味い話があるのだろうか……」と、疑問に感じていただければと思います。

彼らの主張例③ 政府は資産をたくさん持っているから、それを売れば財政破綻することはない

(これのどこが間違っているのか)

結論からいうと、政府の資産のうち大半は売ることができません。

政府の資産として計上されているものを、いくつか書いてみます。

公的年金預り金：これは、年金を配る際の原資です。これで政府の借金を返済すると、年金用のお金がなくなってしまいますが、それでいいんでしょうか。

道路、橋、河川、堤防など：これらは公共用のもので、売れません。収益を生まないので、買い手もいません。

庁舎などの政府関係施設：これらの施設を売れば、たしかに多少のお金は入ります。しかし、そのぶん別の建物を借りる必要があるので、トータルで見ると財政にはさほどプラスにはなりません。

外為特会：政府が持つ米国債などを売ればいいのでは？　という意見があります。多少の金額ならよしとしても、借金を返済するにはまったく足りません。たくさん売った場合、日米同盟が崩れる原因にすらなりえます。

これらを一つずつ見ていくと、売れる資産はほとんどないことがわかります。

国有財産は、企業のバランスシートに載っている資産とは、性質がまったく違うのです。

なお、「日銀がもつ国債を売ればよい。これはすぐに売却できる。これだけで４００兆円ある」という人もいますが、これは間違いです。

これほど大量の国債を日銀が売ったら、国債は暴落するでしょう。

事実上、そんな気軽には換金できません。仮に売るとしても、じわじわと売ることになります。金額が大きすぎて買い手がつかないリスクがあるのです。

企業会計と、政府の公会計は、まったく違います。

政府のバランスシートを企業のバランスシートと同じように考えてはいけません。

彼らの主張例④ 大規模な金融緩和をすると経済成長するので、それだけで財政再建は達成できる

（これのどこが間違っているのか）

日銀が大規模な金融緩和（日銀がおカネをどんどん印刷し、そのカネで日銀が国債を買いまくる政策）を始めた後も、潜在成長率はいまだに0％付近をうろうろしています。

（潜在成長率というのは、その国の潜在力、ポテンシャルのようなものだと思ってください）

ここ数年間、たしかに失業率は減っているものの、経済成長率は低迷しています。

税収は多少増えたものの、その分は高齢者向けの社会保障費に使われてしまっており、それ以外の人にはあまり還元されていません。

日本は高齢者が増えており、社会保障は毎年1兆円以上増加しています。

多少経済が上向いて税収増があっても、増えつづける高齢者がもたらす負担をまかなうには、まったく足りていないのです。

(おまけに、高齢者の数が増えているので、一人当たり高齢者がもらう金額も減っています。ゆえに、それぞれの高齢者も、自分たちにお金が注ぎ込まれているという現状を感じにくくなっています)


こんな現状で、これから経済成長が続くと予測するのは根拠がありません。

それでも、百歩譲って経済成長したとしましょう。

経済成長したときは、金利も上がっています。

日本が経済成長していた数十年前の時代を覚えている方は、当時の金利が高かったことを記憶しているでしょう。

経済成長したら、金利は上がるものです。

金利が上がるということは、国債価格が下がるということです。

国債を抱えている日銀は含み損を食らいます。

また、政府側の利払い費も増えるので、財政にとっては大きな負担になります。

以上のとおり、今後の日本は経済成長はしない可能性が高いです。また、仮に経済成長しても、社会保障問題が解決できないかぎり、財政再建をすることはおそらくできません。

彼らの主張例⑤ 純債務で見たら日本の財政は問題がない

（これのどこが間違っているのか）

日本の財政破綻を考える場合、債務残高か純債務かは、あまり関係ありません。あくまで国債が売られ、金利が上がった場合です。

純債務にせよ債務残高にせよ、ただの目安にすぎません。

ですので、「純債務で見て大丈夫」とか「債務残高がこの水準を超えたら破綻する」とかいうこと自体が間違っています。

ちなみに、純債務ベースでみたとき、純債務残高÷GDPは、2015年で132％です。これは各国のなかでもきわめて高い数値ですが、他国と比べることに意味はありません。

この点は、政府（財務省）側の説明も、純債務で見たら問題ないという人たちの説明も、どちらもミスリーディングです。

ヘリコプターマネーで財政危機を回避できるのか？

ヘリコプターマネー、略してヘリマネという財政政策があります。

経済学者の間で「もしかしたら、日本政府はこの政策をやるかもしれない」と、注目されている政策です。

語源は、ヘリコプターからお金（マネー）をばらまくことです。

ヘリコプターからお金をばらまくと、国民からは「ある日、天空を高く舞うヘリコプターから突然、大量の紙幣が降ってきた!!」ように見えます。

うれしいですね。仕事をサボってヘリコプターの下に集結するサラリーマンが続出しそうです。子供がいる人は学校を休ませ、一家総出で落ちてくる紙幣をかき集めにいくかもしれません。

まぁこれはたとえ話ですが。ヘリコプターマネーの語源はこれです。

ただ、財政の場面で使う場合、もちろん実際にヘリコプターからお金をばらまくわけではありません。

なら、具体的にどのようなものなのでしょうか。

ヘリマネの場合、日銀が日本政府から国債を直接引き受けます。

これは、日銀にお金を印刷しまくらせて、その紙幣で政府が発行する国債を買わせるというものです。

日本政府は、日銀から得たお金を使い、いろんな政策をします。

一見すると、もし本当にそうなれば、なんかすごくよさそうです。政府は何もせずとも無限にお金が入ってくるし、国民も無限にお金が増えてみんな笑顔になりそうです。

もし鋼の錬金術師がいたら「等価交換の原則を無視している」と驚くでしょう。一見、無から有を生み出す錬金術であり、賢者の石を使った神の錬金術のようにすら見えます。

しかし、仮にこのヘリマネをやった場合、どうなるか……。

参考になるのが、第二次世界大戦中の大日本帝国政府です。

当時の日本政府は実質的なヘリマネをおこない、軍事手形・戦時国債の発行で得た金を戦費に注ぎ込んでいました。

当時は絶賛戦争中で、日本は自国のすべての資源を、アメリカや中国などとの戦争にどんどん使っていました。

それにはお金がいるものの、必要金額が多すぎて、まともな方法では調達できませんでした。

困った日本政府は、日銀に紙幣を印刷させて、政府の軍事手形や戦時国債を買わせていたのです。

（実際には、ちょっと小細工をして、一見ヘリマネに見えないようにしていました）

当時の政府首脳も、ヘリマネはハイパーインフレを引き起こし、経済を破壊する可能性がある、きわめてリスクの高い手段だと気づいていた人はいました。

しかし、戦争という道を選んだ以上、他に戦費を調達する手段がなかったので、やむをえずやることになったのです。

その結果、財政赤字が急速に膨らんでいきます。

三菱東京ＵＦＪ銀行円貨資金証券部『国債のすべて――その実像と最新ＡＬＭによるリスクマネジメント』によると、１９４１年の政府債務残高は４１７億円となりました。当時の国民総生産は４４８億円だったので、借金÷国民総生産はまだ93％です。

しかしこれが終戦前年の１９４４年になると、政府債務残高は１５１９億円にまで膨らんでしまいました。

当時の国民総生産は７５０億円程度なので、借金÷国民総生産は２００％くらいになります。これは、ものすごい数字です。

こんなにたくさん借金がある国は、歴史を見てもあまりありません。

この借金を、戦時中は政府がなんとかおさえ込んでいましたが、戦後、その反動でハイパーインフレが起きました。

1945年のインフレ率はなんと500%以上、戦後の5年間ではインフレ率10000%という、すさまじいことになりました。

おかげで日本政府は、戦時中の債務を帳消しにすることができました。

一方、割を食ったのは預金者でした。彼らはハイパーインフレの猛威をモロに食らうことになりました。

戦後の5年間のインフレ率は10000%、つまり100倍だったので、もし貯金をそのまま持ちつづけていた場合、その価値は100分の1になってしまったことになります。

今1000万円預金してる人がいたとしたら、10万円になってしまうようなもんですね。

なお、参考までに、今の日本の政府の借金・国内総生産は、だいたい250%くらいです。

第二次大戦中の大日本帝国が、戦争末期でだいたい200%くらいでした。

統計が多少違うので直接比較することはできませんが、今の日本は、戦時中の大日本帝国政府と同じかそれ以上に借金している可能性があります。

ちなみに、当時もいまも、いちおう国債は国内で消化されていました。

今の日本政府がこれほど借金まみれになったのは、高齢化に伴う年金・医療・介護など社会保障給付の増大が最大の要因です。

ある意味、今の日本は、社会保障戦争を戦っているといってもいいかもしれません。

いまの状態がこのまま続くと、実質的なヘリマネをやらざるをえない状況に追い込まれる可能性があります。

「そんなわけないだろう」と笑う人もいるでしょうが、社会保障給付は削るのがきわめて難しく、改善される兆候もないため、ありえない話ではありません。

実際に財政破綻したら、何が起きるのか

では、実際に財政破綻したら、いったいどんなことが起きるのでしょうか。

おおまかなイメージはあるかもしれませんが、もう少し詳しく説明してみましょう。

❶ 年金・医療・介護を中心とする社会保障制度が崩壊する

先ほど述べたように、国債が売られると、金利が上がります。

金利が上がると、国債償還費が上がります。

これは、国債を償還したあと、新しく出す国債は高い金利を要求されるからです。危ない国の金利は高くなるものです

そうなると、財政にさらなる負担がかかります。新たに国債を出すのは困難になります。新規の国債発行が困難になると、税金から社会保障に対する補助がでなくなります。

すると、社会保険料の範囲内に支出は抑制されます。税金から社会保障に補助されている国庫負担分を考えると、おそらく今の社会保障給付のうち半分近くがカットされることになるでしょう。

年金も医療介護も、強制的にカットされるはずです。年金は支給開始年齢が上がるかもしれません。あるいは75歳以上になったら医療費補助は大幅カットされたり、医療費の自己負担比率が大幅に引き上げられることなどもありえます。

そうなると、年金が足りず、医療費を払えない高齢者が亡くなります。ソ連（ロシア）の国家破綻時と同様、日本の平均寿命もガクっと下がるでしょう。もしかしたら10歳くらい下がるかもしれません。

（そうなると、社会保障負担は軽くなり、日本の社会保障問題は改善に向かっていくかもしれま

せん。もし仮に日本の財政・社会保障問題の最終的な解決方法がこのような形になるのだとしたら、なんという皮肉なことだろうと思います）

いずれにせよ、社会保障給付のうちかなりの割合が削られるでしょう。

❷国債を持っている金融機関が大赤字になる

財政破綻したときは、国債が暴落しています。

このとき、いうまでもありませんが、銀行をはじめとする金融機関が保有する日本国債の価格も暴落しています。

２０１６年の日本銀行「金融システムレポート」の試算によると、金利が１％上がれば、金融機関全体全体で見ると７・５兆円の赤字になります。２％なら単純計算すると15兆円です。

これで、銀行の純利益はふっとんでしまいます。

そうなると、金融機関はお金を貸さなくなります。

これは、景気にはものすごくマイナスです。

日本の歴史をふりかえっても、たとえば１９９７年から１９９８年にかけて、長銀をはじめとする金融機関の破綻が相次ぎました。

銀行は自分自身が危ないので、企業にお金を貸しませんでした。いわゆる「貸し渋り」というやつです。

このあおりを受け、倒産する企業が続出しました。年間自殺者は3万人を突破し、街にはリストラされた人があふれました。

当時の日本経済は、まさに地獄のようなひどい状態だったのです。

アメリカでも、たかだか一つの証券会社にすぎないリーマンブラザーズが破綻したことで、全世界に恐慌が起きました。いわゆるリーマンショックです。

金融の世界では、どこかの金融機関に問題があるのでは？　と皆が不安で疑心暗鬼になっており、かつひとつでも金融機関が破綻したとき、その不安や疑心暗鬼が連鎖的に波及し、世界中の経済がダメになっていくことがあります。リーマンショックはその一例です。

1997年前後の日本やリーマンショックは、金融機関がつぶれると、経済全体に悪影響が生じることがあるよい見本です。

日本国債が暴落したときは、似たようなことが起きる可能性があります。

また、日本の場合、先ほども説明したとおり、中央銀行である日本銀行自らが国債の含み損を食らい、大赤字になるリスクもあります。

これに加えて、ハイパーインフレーションも起きるでしょう。

これについては長くなるので、次の節で説明します。

◉ハイパーインフレーションの発生

財政破綻したとき、国債は暴落します。

もしかしたら、政府は債務不履行、いわゆるデフォルトをしているかもしれません
これは、もう政府はお金を払えません、債務は踏み倒しますという、ギブアップ宣言のようなものです。

こんなとき、その国ではハイパーインフレーション、いわゆるハイパーインフレが起きるのが普通です。

財政破綻している場合、その国の国債に対する信用がなくなっています。

このとき、おカネの価値がものすごく下がっています。場合によっては、ほぼ無価値になります。

これがハイパーインフレです。第2章のはじめのほうで紹介したソ連（ロシア）を思い浮かべると、なんとなくイメージできるかもしれません。

どのくらい無価値になるか？　というのは、その国ごとに違います。先ほど説明したソ連（ロシア）のような物価上昇率になる国もあれば、第一次大戦後の4年間で物価が400万倍になったドイツのような国もあります。

では、実際に日本がハイパーインフレになったらどうなるのか、項目ごとにわけて説明します。

❶猛烈な円安が起きる

ハイパーインフレになると、猛烈な円安が起きます。インフレとはおカネの価値が下がることです。ハイパーインフレが起きたら、円は紙クズに近づいていきます。

そのときアメリカや米ドルに問題がないのならば、ドル円は100円とかそういうものではなく、200円とか300円になっていくかもしれません。

❷年金生活者や預金生活者は地獄を見る

年金などの社会保障費が削減されるのはもちろんですが、仮に年金を支給されたとしても、ハイパーインフレが起きているので、生活していくのは大変です。

物価がどんどん上がるのに、年金はさほど上がらないからです。

年金だけではとてもやっていけません。

同じように、預金を切り崩して生活している人も、何もしなければひどい目にあいます。

❸ 政府の債務負担は軽くなる

政府は大量に借金していますが、ハイパーインフレが起きるとこの負担はとても軽くなります。

これは少しわかりづらいかもしれないので、例を出して説明します。

たとえば、ハイパーインフレが進み、コンビニで100円で売ってる菓子パン1個がもし1兆円になったら、どうなるでしょう。

1000兆円の借金なんて、菓子パン1000個で返済できてしまいます。借金はハイパーインフレになっても、返済金額は1000兆円のまま同じだからです。

もちろんこれは極端な例ですが、第一次大戦後のソ連では、わずか数年で物価が100万倍になりました。もし同じくらいのハイパーインフレが起きるとすると、1000兆円÷100万＝10億円になります。10億円なら、個人でも持ってる人がいる金額です。

このように、ハイパーインフレは借金をしている政府側にとっては、まさに天からの恵みなのです。

これと同じようなことが、日本でも過去起きました。

第二次大戦後、日本ではハイパーインフレが起きました。

このおかげで、戦時中に作った膨大な借金を、日本政府は返済することができたのです。

今の1000兆円を越える借金も、ハイパーインフレが起きたら、さほどたいした金額ではなくなる可能性があります。

少なくとも政府にとっての負担は減ります。

ちなみに、財政難からハイパーインフレが起きたとき、インフレ税が発生します。

ハイパーインフレで政府の債務負担が軽くなったときは、国民が持つおカネや預金の価値が吹き飛んでいます。これは、国民から政府への強制的な資産移転が実質的に起きているとみなすことができます。

これを税金にたとえて、「インフレ税」といいます。

つまり、ハイパーインフレが起きたとき、預金しかしてない人や年金生活者などは、何もしなければインフレ税をかけられるわけです。

また、財政破綻とは少し話がそれますが、ソフトバンクのような膨大な借金をもっている会社にとっても、ハイパーインフレはプラスです。

ソフトバンクは、グループ全体で10兆円を超える借金を持っています。これをまともに返そうとすると、なかなか難しいものがあります。

しかし、ハイパーインフレになれば、実質的な債務負担は軽くなるはずです。

詳しいことは知りませんが、もしかしたらソフトバンクの孫正義社長は、日本の将来の財政破綻とハイパーインフレの発生を確信し、あれほどの膨大な借金を作って勝負しているのかもしれません。

❹ デノミが起きる

ソ連について書いた節にも書きましたが、最終的にはデノミが起きます。

デノミとは、通貨の単位を切り下げることです。

（詳しくは、第2章のはじめのほうにあるソ連について書いた節で解説したので、こちらをご覧ください）

この過程で、旧紙幣が紙クズになります。旧紙幣で預金していた人は大損を食らいます。

❺外国とつながりのある人が金持ちになる

外国と取引があったり、外国とつながりのある会社がお金持ちになります。

詳しくは書きませんが、輸入でも輸出でもビジネスチャンスが生まれるので、そこに関わる人に富が転がり込みます。

❻酒や麻薬がよく売れる

ソ連崩壊後、破綻状態のロシアでは、ウォッカなどの酒に現実逃避する人が続出しました。

これは、国家がめちゃくちゃになり、明日への希望が持てなかったからです。同じ理屈で麻薬も流行ります。

日本が財政破綻したら、同じようなことが起きる可能性があります。麻薬売買を手がける暴力団などは、破綻を舌なめずりして待っているかもしれません。

❼ 資産課税（財産税）や部分的な預金封鎖を食らう可能性がある

資産のある人は、財産税や部分的な預金封鎖を食らう可能性があります。

これは、たとえば銀行に１億円預金している人は、半分くらいの資産をいきなり没収されるというものです。

ところで、日本では最近、マイナンバー制度が導入されました。

政府がマイナンバーを導入した表向きの理由は、政府が各個人の資産を把握しやすくし、脱税とか悪いことをしている奴を見つけ出し、きちんと払わせることで、税の不公平感を減らしていくため、というものです。

たとえば銀行口座を作る際は、マイナンバーを要求されるようになりました。これによって、ある人が脱税して隠し資産を持っていないか、政府側はチェックしやすくなります。

このような目的で導入されたマイナンバーですが、財政がさらにキツくなって財産税を導入せざるをえなくなったときにも、各個人の資産を事前に正確に把握しておけば、どのくらい税金を取れるのか計算しやすくなるというメリットもあります。また、仮に部分的な預金封鎖をしようとした場合でも、どの程度封鎖するかによってどのくらいのインパクトがあるのか、予想しやすくなります。

もしかしたら、マイナンバーは資産課税や部分的な預金封鎖に向けた第一歩かもしれないのです。

本当にそうなるかはわかりませんが、可能性はゼロではありません。


とはいえ、資産課税や部分的な預金封鎖などはかなり乱暴な手段です。よほどのことがないかぎり、政府としてもこのような手段は、なかなかやりづらいものです。

実際には、ハイパーインフレに伴うインフレ税で、財政の帳尻をあわせることが多いです。インフレは、国会で話し合わなくても起きるときは自然に起きるので、政府の責任も問われにくいからです。


ちなみに、次ページの写真は、第二次世界大戦後の1946年にハンガリーで起きた、ハイパーインフレの様子です。

第二次世界大戦において、ハンガリーは、ナチスドイツや日本と同じ枢軸国側として参加していました。

敗戦をきっかけに、日本と同様ハイパーインフレが起きたのです。

文字どおり、紙幣が紙クズになって捨てられていますね。

どこの国でも、積み上がった債務を返す手段は、ハイパーインフレになることが多いのです。

日本政府が財政再建する場合も、おそらくはハイパーインフレでインフレ税を課す道をとることになると思います。

（なお、日本でもし財政破綻とハイパーインフレが起きた場合、その根本的な理由は財政難です。そして、この財政難の原因は、第1章で説明したとおり、高齢者を中心に年金・医療・介護の社会保障給付が際限なく増えつづけてきたのに、増税などをせず、借金に頼りきってくることを有権者が選択しつづけてきたことです。つまり有権者自身が原因となり、自分で自分の首を絞める形で財政難を起こしてきたわけです。なので、仮にハイパーインフレが起きたとしても、それを政府のせいにするのは、理屈のうえでは筋違いです。とはいえ、人間は理屈では動かない生き物です。もし財政破綻とハイパーインフレが起きた場合、その責任は、有権者以外の誰か別のものに責任転嫁されることになるでしょう）

他の国の例を見ても、財政難をまともな方法で脱した例は、ほとんどありません。

たいていの場合、ハイパーインフレで政府債務を帳消しにしたり、預金封鎖やデノミをやったりします。

ソ連からロシアになったときも、大日本帝国が日本国になったときも、ハイパーインフレが起きましたし、預金封鎖がおこなわれました。

歴史が繰り返すのだとしたら、日本政府の債務を解消するため、おそらくハイパーインフレが起きます。

それが自然発生的なものか、人為的なものかはわかりませんが。

ちなみに、金融市場は先読みをするという性質があります。たとえば、株価だったら実際の企業の業績の変化を先読みし、動いていきます。

ハイパーインフレについても、その変化に先回りし、金融市場は動くはずです。

私は、日々、異変がないかチェックしています。

結論

準備しすぎる必要はないが、ある程度のことはしておいたほうがいい

ここまで、日本の財政問題の深刻さや危険性を説明してきました。

日本は、将来が不安だという人が、とても多い国です。

厚生労働省「高齢社会に関する意識調査」によると、回答者の8割が「老後に不安を感じている」と回答しています。それは、これまで述べてきたような財政や社会保障制度に対する暗い未来を、多くの人が直感的に、うすうす予想しているからではないでしょうか。

日本で貯蓄ゼロの世帯は、どの世代でも約30％います。50代、60代、70代でも、およそ3割の世帯は貯金ゼロなのです。また、各世帯の貯蓄の中央値は400万円ほどです。これで不安を感じるなというほうがおかしいかもしれません。とにかく、将来に不安を抱いている日本人は、とても多いのです。そして、その不安はおそらくそう間違ってはいません。

その**日本が財政破綻するときはおそらく、日本国債の暴落が引き金**となるはずです。

なら、いつ日本国債が売られるのか。

それは、日本国債はヤバいと投資家たちが判断し、国債が売られたときです。

そして、これがいつになるかを正確に予測するのは、難しいです。

なぜなら、市場参加者がいつそう思うかは、そのときの状況やマーケットの雰囲気によって変わるからです。

たとえば、1929年から始まり、第二次大戦の遠因ともなった世界恐慌が起きたきっかけは、1929年10月24日、アメリカのウォール街で株が突然暴落したことでした。

もちろん当時はものすごい投機熱が起きており、企業の実態価値をはるかに上回る株価がついていた、いわゆるバブルでした。

それでも、この日にこれほどまでに暴落した直接の理由は、とくにありません。

ただ、なんとなく売られはじめ、売りが売りを呼んだのです。


日本で国債の暴落が起きる場合、何らかの引き金がある場合とない場合があります。

これを事前に正確に予測するのは非常に困難です。

予測できない以上、たとえば「今すぐ国外移住！」のような過激なことをする必要はまったくありませんが、用心のため事前に多少の手は打っておいて損はないと思います。

歴史上、財政難が原因で衰退・崩壊した国は数多くあります。また、無限に借金を続けることができた国も存在しません。

日本の場合、高齢化に伴う社会保障給付費の増加は、止まる気配がまったく見えません。それに伴い、国の借金も増えつづけています。

また、日銀が国債を買い上げるのをやめるのも、いつになるかはわかりません。

団塊世代が後期高齢者になりはじめる2020年前後が危ないと考える学者が多いものの、金融市場は変化を先読みをし、未来を早めに織り込む性質があるので、危機はもっと早く起きるかもしれません。

昔の人は、「備えあれば憂いなし」といいました。

平時の今こそ、行動するときです。

準備しすぎる必要はないものの、財政破綻が万が一にも起きたときを想定し、ある程度は備えておくべきでしょう。

では、具体的にどうしたらいいのでしょうか。

次の章では、**「財政破綻にどう対策をおこない、資産を守るのか」**というテーマについて、具体的な方法を紹介していきます。

準備しすぎる必要はないものの、万が一にも日本の財政破綻が起きたときに備え、ある程度のことは今のうちにしておいたほうがいいでしょう。

ちなみに、日本が破綻しても、ＩＭＦが助けてくれるから大丈夫だという人もいます。これまで他の財政破綻国家がやってきたように、多少主権を失ったとしても、ＩＭＦの下で財政再建をすればいい、というものです。

しかし、ＩＭＦの資金枠は70兆円程度です。彼らがこれまで助けてきたのも、資金枠内でカバーできるギリシャのような小国だったり、経済が未発達で経済規模の小さい途上国ばかりでした。

これっぽっちの金額で、日本のような大国の破綻を支えきれるのか？　というときわめて疑問です。日本は５００兆円のＧＤＰという世界有数の巨大な経済規模をもつ、まぎれもない大国です。また、借金も１０００兆円を超えています。

ＩＭＦ単独では、こんな大きな国を、おそらく支援できません。

ＩＭＦには、あまり期待しないほうがいいでしょう。

第3章

日本の財政破綻に備え、どう対策したらいいのか

第3章では、日本が財政破綻したときに備え、普通の人がどう対策すればいいのか考察していきます。

最初に、資産防衛を考えるにあたって前提となる考え方を説明します。

次に、財政破綻対策として考えられる方法をいくつか紹介し、それぞれの詳細やメリット・デメリットなどを考察していきます

● 前提となる考え方

❶ 勉強と下準備をしておく

まず、財政破綻対策について、ある程度の知識を頭に入れておきます。

そのうえで、いつでも動けるよう必要な口座を開いたりと準備しておき、いざというと

きにすぐ機動的に動けるようにしておきます。

これらの知識や方法などは、本書でここから書いていきます。また、この段階では実際にお金を動かすわけではないので、心配することはありません。

日本の財政破綻は、数年以内に起きる可能性があります。

現時点でいますぐ財政破綻になることは考えにくいものの、いつ起きるかを正確に予測することはできません。

なら、平時で落ち着いている今のうちに、財政破綻対策について勉強と準備をしておき、いざというときにすぐ動けるようにしておいたほうがいいでしょう。

こうしたほうが、いざそのときになってあわてて対策をするよりも、より冷静に対処することができるはずです。

❷ 外貨建ての資産を使うのが基本

第2章で、ソ連（ロシア）の財政破綻の例を出しました。

めちゃくちゃな混乱を経験したあの国でも、実は、しっかりと資産を守り抜いた人はいます。

この人たちは、混乱が始まる前から初期にかけて、外貨建ての資産を入手したり、あるいは資産を海外に移していました。

そして、経済混乱が落ち着いたあとでそれをロシアの通貨であるルーブルに戻し、投げ売りされ割安になっていた不動産などの資産を買い込みました。

（もちろん、国有資産を安く買い取った人や、いち早く資本主義に適応して財をなした人など、ソ連の特殊事情に乗っただけの人も多くいましたが）

似たような例は、たとえば1920年代初頭のドイツにおけるハイパーインフレの際などにも起こりました。

これらの例を見るかぎり、日本の財政破綻でも、外貨建ての資産を使う方法は十分検討に値する方法だと考えられます。

なお、場合によっては、国内の金融機関で外貨建て資産を買うのみならず、外国にある銀行などに資産を預けることも考えるべきです。

日本は租税法律主義をとっています。非合法的に税金を取られるリスクは、基本的にありません。

ただ、これは平時の話です。

異常事態が起きた場合は、どうするかわかりません。

本当に追い込まれたときの政府は、なりふり構わずなんでもやります。ときには、租税法律主義をかなぐり捨て、平時ならありえないことをやることがあります。

たとえば第二次世界大戦のあと、日本政府は預金封鎖と新円切替をおこないました。人によっては、当時起きていたハイパーインフレとあわせ、資産の大半を失いました。国内に資産をおいておくかぎり、日本政府が資産を超法規的に奪ってくるリスクは、ゼロではありません。

これに対し、海外に資産を移動させた場合、基本的にあなたの資産は守られます。詳しくは第4章で解説しますが、とくにアメリカに移した場合、日本政府はあなたの資産を直接没収することはできません。

（なお、いうまでもありませんが、脱税などの悪質な理由がある場合はダメです。財政破綻対策をおこなうお金は、あくまで税金をきちんと納めたあとのきれいなお金だけにしてください）

もちろん、平時においては租税法律主義が適用されるので、国内に資産をおいてあってもOKです。

ただ、本当に危ない状態になったら、国外に資産を移すことも検討すべきです。

なお、海外に資産を移すというと、すぐ脱税を連想する人がいます。

ですが、日本は、税金を支払った後の資産には財産権が保障されています。

これをどうするかは、個人の自由です。

きちんと日本政府に税金を納めたあとの残りのお金を海外に移すことには、何の問題もありません。

そのお金は財産権で守られており、法的な問題もないキレイなお金です。

❸いくつかの財政破綻対策をおこなう。一つに集中させず、分散させる

投資の世界では、分散投資という理念が推奨されています。

これは、「たくさんの卵を運ぶときは、一つのかごに入れてはいけない。必ずいくつかのかごに分散させるべき」という考え方です。

たとえば、ひとつの会社の株にお金を集中させてしまうと、その会社が万が一つぶれたとき、資産をすべて失ってしまいます。

そうなるのを避けるため、いくつかの資産にばらけさせて投資するのが、分散投資の理念です。

財政破綻対策でも同じ理由で、一つのやり方に集中させないほうがいいでしょう。

本書でこれから紹介するやり方のうち、複数のやり方を組み合わせることをおすすめします。

そちらのほうが、リスクを下げることができます。

❹財政破綻対策する資産は、少なくとも最初は、全資産のうちごく一部にする

財政破綻対策をする資産を、まずは全資産のうちごく一部にすることも大事です。

たとえば、いきなり今すぐ「自分の資産の8割を海外に逃避させる！」なんてことは、やらないでください。

そもそも、今すぐ財政破綻が起きるわけではありませんし、どの程度の規模になるかも不明です。

仮に将来本格的に財政破綻対策をやるとしても、まずは基本的なやり方を勉強し、資産のうちのごく一部の少額にとどめ、様子を見たほうがいいでしょう。

そうすると、財政破綻対策というものがどんなものなのか、感覚的にわかってきます。まずは資産のうちの一部にとどめ、自分で納得しながら、資産防衛の知識を徐々に身につけていくというのが、いちばん自然な形だと思います。

❺まわりの人を大事にする

これは資産運用とは少し離れますが、大事なことなので書いておきます。

たとえば中国人は、親族や親しい友人を、日本人から見ると異常なくらい大事にします。

この国民性は、中国の歴史が関わっています。

中国の歴史は、戦いの歴史です。数千年にわたり、たくさんの戦乱が起きてきました。また、戦争が終わってもひどいことがたくさん起きました。わかりやすいのは大躍進政策や文化大革命などでしょうか。毛沢東のせいで、中国の国家はガタガタになり、たくさんの人が亡くなりました。

こんな環境で生きてきた中国人は、しだいに「人生、何が起きるかわからない。政府も信用できない。自分の身は最終的には自分で守らなければならない」と考えるようになりました。

そのため、親族や親しい友人を、ものすごく大事にする文化が生まれました。

困ったときやいざというときに、助けてもらうためです。

政府が信じられないので、家族や親しい友人を大事にし、頼るくらいしか方法がないのです。

いざというときに備えた、私的なセーフティネットともいえるでしょう。

政府が信用できず、社会保障にも期待できなかった中国人の考え方は、日本人にとっても参考になる点が多々あります。

もっと家族や友人を大事にしてつながりを強くし、人間関係を大事にしてみましょう。

制度が崩壊した場合のセーフティネットになりうるというだけでなく、そのほうが、幸せな人生を送ることができるでしょうし。

親子関係や親戚関係なども、密にしておいたほうがいいでしょう。

たとえばソ連が崩壊していった時代、困窮した人々は、親族や友人知人から支援を受け、なんとかやっていました。

また、医療費が払えない高齢者は、子供を頼ることも多くありました。

日本の暗い未来を考えると、自分のまわりにいる人を大事にするのは、とても大事なことだと思います。

❻ 健康に気を使う

社会保障制度が崩れたとき、病気になると、十分な治療を受けられないことが想定されます。

そのため、なるべく病気にならないよう、普段から健康に気を使っておいたほうがいいでしょう。

具体的には、適度な運動や筋トレをする、ヘルシーな食事をとる、十分な睡眠をとる、などを心がけましょう。

❼ あせって価値の低い金融商品を買わない

最近、高い値段につりあわない無価値な金融商品がたくさん出ています。

一見そう見えないものの実はものすごく高いリスクを内包していたり、購入時に異常にたくさんの手数料がかかったりと、いろいろなパターンがあります。

しかも、たちの悪いことに、怪しい業者だけでなく、最近は名の通った大手の金融機関もそういう商品を売りつけることが多いです。

財政破綻が起きそうなとき、不安にかられ、このようなインチキ商品に手を出しがちになる人が多く出るはずです。

十分、気をつけてください。

日本が財政破綻するとしても、それに先立ち、必ず何らかの兆候があります。

事前に勉強し下準備はしておくことは重要ですが、実際にお金を動かしたり何か金融商品を買ったりするのは、財政破綻の兆候が起きてからでOKです。

あせる必要はありません。

ここからは、いよいよ財政破綻対策として考えられる方法をいくつか紹介し、それぞれについてメリットやデメリットなどを考察していきます。

なお、一部例外はあるものの、あくまで財政破綻から資産を守る保守的な方法が中心となっています。

外貨預金

財政破綻対策というと、真っ先に外貨預金を思い浮かべる方は多いでしょう。

すでに国内の金融機関で外貨預金を持っている読者の方もいるはずです。

ただ、外貨預金には、デメリットがあります。

1点目は、両替手数料が高い点です。銀行で円から外貨に変える際、一般的にかなりの手数料を取られます。これが1つめのデメリットです。

2点目は、外貨預金は税法上、非常に条件が悪いという点です。

たとえば外貨預金で、去年は為替変動で損失が出て、今年は為替変動で利益が出たとき、去年の損失と今年の利益を相殺したいのが人情ですよね。でも、これはできません。外貨預金は損失の繰越ができないのです。去年損して税金がかからなくても、今年分の利益に対しては税金が課せられます。

また、外貨預金していて発生する利息と、為替変動で損した分（為替差損）を、損益通算することもできません。利息分にはきっちり税金が課せられます。

3点目は、国内の金融機関で外貨預金をした場合、本当に資産が守られるか不安である点です。

日本の銀行だと、いざというときに日本政府が預金封鎖など超法規的な差し押さえをおこなう可能性があります。

（このリスクは、外国の銀行に預金することである程度避けることができます）

これらのようなデメリットがあるため、私は、平時から外貨預金を持っておく必要はないと考えています。

仮に外貨預金するとしても、財政破綻がいよいよ起きそうだというときに動けばＯＫです。

外貨預金について、平時にできることがあるとしたら、金融機関に口座を開いておくことです。

そうすれば、いざ財政破綻が起きそうだというときに、より機動的に対応できます。

これについては、ユニオンバンクというアメリカの銀行がおすすめです。

ちなみに、ユニオンバンクは、三菱東京ＵＦＪ銀行のアメリカにある子会社です。三菱東京ＵＦＪ銀行に口座を作ったうえで、このユニオンバンクに口座を作り、財政破綻の兆候がでたときにここにお金を送るというのが具体的な手法です。

ユニオンバンクへの口座開設方法など、詳しくは第４章をご覧ください。

金（ゴールド）

金（ゴールド）への投資は、資産防衛の観点から見ても、なかなか面白いです。

そもそも、ゴールドとはなんなのでしょうか。

たとえば株だったら、持ってれば配当金をもらえます。債券もたいていは利息がつきます。

でも、ゴールドには何もつきません。

持っていてもピカピカきれいなだけで、配当金も利息ももらえません。

では、いったいなぜ人はゴールドを持つのでしょうか。

正解は……きれいだからです。

「んなアホか！　きれいだから買われるなんてそんな理由があってたまるか！」といいたくなるでしょう。

すみません。ちょっと冗談いいました。

ただ、実際のところ、半分以上は冗談ではなく本当なんです。

ゴールドの本質的な価値は、ほしがる人が多いということです。

なんかピカピカしてて、妙な魅力があります。

ただ、きれいなものなら、他にもさまざまなものがあります。

ゴールドの場合、きれいであることの他に、耐久性があることや、加工しやすいこと、そこそこに希少であることも人気の理由です。ゴールドは錆びません。落としても割れませんし、切ったりはったりと加工もしやすいです。

これは、他の宝石ではなかなか難しいです。

さらに、ゴールドには希少性もあります。これまで人類が採掘したゴールドは、50メートルプールわずか3・5杯分程度です。

おまけに地球に埋蔵されている残りのゴールドはプール1杯分くらいであり、しかもこのうち大部分は採掘がとても困難な場所にあります。

これらの理由により、人はゴールドをほしがります。

価値は、皆がほしがるところに生まれます。

ゴールドをほしがる人が多く、皆がそれに価値を認めるから、価値が生まれるのです。

ある意味、共同幻想のうえに成り立っているともいえます。

この点で、ゴールドは後で説明するビットコインに似ています。

ビットコインも、皆がビットコインには価値があると思っているから、価値が生まれています。

ゴールドもビットコインも、共同幻想だという点は同じです。


では、なぜ資産防衛の観点から、ゴールドが有効なのでしょうか。

ゴールドの強いところは、世界中の投資家が「ゴールドはインフレに強い」という認識を持っていることです。

ゴールドには、インフレ時に値段が上がってきた歴史があります。

たとえば、１９６０年代半ばから１９８０年代まで、アメリカをはじめ世界各国で、高いインフレが進みました。

そんななか、ゴールドはそのインフレ率を上回り価格が上昇しました。

このような歴史が積み重なり、ゴールドはインフレに強いという認識を皆が持つようになりました。

金融資産は、みんなが買えば上がります。皆がゴールドはインフレに強いと思っているから、インフレ時にゴールドが買われ、値段が上がるのです。金融資産とは、そういうものなのである意味、予言が自己成就しているともいえます。

歴史は繰り返します。また、賢者は歴史に学ぶという言葉もあります。インフレ時にゴールドが買われてきたという歴史を考えると、資産の一部をゴールドとして持っておくのは、インフレ対策としておすすめの選択肢です。

購入方法などの詳細は、第4章で説明します。

FX（外貨為替証拠金取引）

FXというと怖いものだというイメージがあると思います。

ただ、しっかり勉強したうえでやった場合、FXは財政破綻対策として、とても大きな力になる可能性があります。

この節では、FXについて解説したあと、どのように財政破綻対策に生かすのか説明します。

最初に書いておくと、ＦＸを使った財政破綻対策法は、お金があまりない人や、比較的若い人が財政破綻対策をする場合に向いています。

そうでない人、とくに資産がある程度ある年配の方は、あまりＦＸに手を出さないほうがよいでしょう。

また、どんな方でも、事前に勉強せずにＦＸをやってはいけません。

しっかり勉強したうえで、おこなってください。

まず、ＦＸをやったことがない人向けに、ＦＸがどのようなものなのか、直感的に説明します。

ＦＸとは、ちょっと銀行にお金を預け、それを担保に銀行からいっぱい借金し、そのお金を外貨に両替することです。

とりあえずは、このようなイメージを持っておいてください。

たとえば10万円だけお金を預けて、２００万円を借り、この２００万円をドルに両替するのを想像してみてください。

もともとの自己資金が少ない人でも、借金するので、たくさん外貨に両替することができるということです。

ちなみに、この借金のことを「レバレッジ」といいます。

「レバレッジ」とは日本語でテコの意味です。小さい力で大きなものを持ち上げることができる、テコの原理のあのテコです。

小さな自己資金でたくさんのお金を借りることができるのがテコに似ているので、借金のことをＦＸではレバレッジと呼ぶようになりました。

また、ＦＸの両替手数料は、実際の外貨預金よりずっと安いです。

とりあえず、ＦＸをやったことはない方は、ＦＸとはこんなものであるとイメージしておいてください。

とくに、お金があまりない若い人が財政破綻対策をする場合、ＦＸはおすすめです。

具体的に説明します。

たとえば、10万円しか貯金がない20代のAさんがいるとします。

Aさんは財政破綻対策をしたいのですが、10万円ぽっちでは仮にドル預金をしたとしても、たいして意味はありません。

ここでAさんはＦＸをやります。

ＦＸの特徴は、レバレッジを使えることです。先ほども述べたとおり、レバレッジは借金という意味だと考えてください。

Ａさんはレバレッジを使い、１ドル１００円のとき、10万円の預金をもとに借金をし、１・５万ドルのドル円ポジションを取りました。

これは少し専門的なので理解しづらいと思います。とりあえず、「Ａさんは、10万円の預金を担保に借金をし、１・５万ドルを購入した」とイメージしてください。

１ドル１００円なので、１・５万ドル×１００円＝１５０万円分の外貨預金をしたのと同じです。

これを、日本が財政破綻しそうなときに思いっきりやります。

そして、財政破綻して数ヵ月後、もし１ドル１００円が１ドル２００円になれば、数ヶ月前に買った１・５万ドル分のドル円ポジションは、１５０万円から３００万円になります。

すると、Ａさんの利益は１・５万ドル×（２００円-１００円）＝１５０万円になります。

Ａさんの預金は10万円しかないのに、Ａさんは１５０万円ゲットできました。

これがＦＸです。

ちなみに、ＦＸは外貨預金よりも両替の手数料が安いです。１５０万円分のドルを買う場合、１００円くらいの手数料を払えば買えます。

外貨預金で同じことをやると、もっと高い手数料を払う必要があります。

両替手数料のコストが安いという点は、ＦＸの大きな強みです。

ＦＸは、Ａさんのような、お金があまりない人が財政破綻対策をする場合にもっとも適しています。

財政破綻時にＦＸで思い切り外貨を買うと、財政破綻から資産を守るのみならず、自分が持っている資産の何倍もの利益を得ることができる可能性があります。

ＦＸのやり方や口座開設方法など、詳しくは第４章で説明します。

ビットコイン

ビットコインはまだ出てきて新しいものですが、財政破綻対策として使える可能性があります。

ビットコインとは、暗号通貨のひとつです。ただ、ビットコインや暗号通貨自体はかなり難しい理論に基づいており、詳しく説明するとそれだけで本が一冊書けるくらいになります。

とりあえずは、電子マネーの一種で、匿名性がとても高いものだとイメージしておけばOKです。

まず、ビットコインを持つ問題点について説明します。

大きくは、次の3つです。

1. ハッキングされて盗まれたときに、お金が戻ってこない
2. 決定的な理論価格が存在せず、価格の予想がきわめて難しい
3. 詐欺業者が多い

1点目について。ビットコインは、万が一盗まれたときにお金が戻ってこないという問題があります。

ビットコインは暗号通貨という性質上、匿名性が非常に高いのです。

そのため、仮にウォレット（ビットコイン版の財布のようなものです）や取引所にお金をおいておいたとき、第三者にハッキングされてお金をどこかに送金されたら、手のうちよう

がありません。

もちろん、公的な預金保護制度のようなものもないです。

いったん盗まれたら、盗まれたビットコインがどこに行ったのか突き止めることはできないし、取り戻すこともできません。

これが銀行預金やクレジットカードなどと違うところです。

「なら分別管理すればいいじゃん」という人もいるでしょう。

たとえばＦＸ会社には、分別管理という仕組みがあります。これはざっくりいうと、ＦＸ会社が顧客から預かった資金を、信託銀行に預け信託するという仕組みです。

これによって、仮にＦＸ会社が倒産したとしても、顧客の資産は守られます。

しかし、暗号通貨であるビットコインは、技術的に、１００％安全に信託することができません。

誰かに信託したとしても、信託された側のセキュリティが破られて盗まれたら終わりなのです。

追跡しようにも、どうしようもありません。

最近はセキュリティも以前よりは高くなっていますが、それでもなお万全ではありません。

この問題点があるので、たとえば資産の大半をビットコインに注ぎ込むといったことは、絶対にダメです。

もしビットコインを保有しつづけたい場合、最悪なくなっても何とかなるくらいの金額でやってください。


2点目について。ビットコインには価格の予想がきわめて難しいという問題があります。たとえば株ならその会社の商品を使ってみたり、決算書を読むなりして将来を予想することができます（はずれることも多々ありますが）。企業の本質的価値がいくらなのかを考え、それと株価の間で乖離《かいり》があれば、いずれ本質的価値のほうに収斂《しゅうれん》していく傾向があります。また、FXなら経済学やチャートを勉強するなどして、先読みの精度を上げることができます。

しかし、ビットコインは決定的な理論価格がありません。基本的には、買い手と売り手の需給バランスで価値が決まります。この需給を読むのが本当に難しいのです。今から2倍になるかもしれませんし、半値以下に暴落するかもしれません。

もしかしたらビットコインについて技術的な点まで深く理解すれば予測できるのかもし

れませんが、普通の人がビットコインの価格を予測するのは不可能です。

3点目について。ビットコインは、詐欺業者が多くいるという問題があります。最近は規制が厳しくなり、ビットコインから他のオルトコイン（ビットコイン以外の暗号通貨）に軸足を移しているという話も聞きますが、まだまだ怪しい会社も多いです。

ビットコインを購入するなら、大手で名の通った会社から購入することをおすすめします。

（おすすめの業者や購入方法は、第4章でご説明します）

次に、ビットコインのメリットについて説明します。

ビットコインには、次のようなメリットがあります。

1. 海外へ直接送金可能である
2. 送金手数料が格安である
3. 国家とは関係がなく、財政危機時の資産逃避先として有用である
4. パソコンやスマホを使い、一瞬で送金できる

ビットコインを使うと、海外に、格安で送金できます。

最近は、ビットコインでの入金を受け付ける金融機関もじわじわと増えてきています。

海外送金の手数料を減らすのに、有用である可能性があります。

また、ビットコインは暗号通貨であり、国家が発行しているものではありません。

こういう特性があるので、財政危機が起きたときの備えとして、ビットコインは検討に値します。

実際、ここ数年間に起きた欧州債務危機やチャイナショックのとき、財政破綻寸前だったギリシャやキプロスの人や、自国に不安を持った中国人が、ビットコインを資産の避難先に使いました。

もし日本で財政破綻する可能性が高まると、「日本人がビットコインを買うのでは？」という思惑が高まり、ビットコインの価格は上がりやすくなるはずです。

ギリシャ人やキプロス人、中国人が、自国に不安を抱いたときにビットコインを買った実績があることも、これを後押しします。

その後、実際にビットコインを買う日本人が増えたら、ますます価格は上がるかもしれません。

ビットコインの買い方など、詳しくは、第4章で説明します。

固定金利の借金

財政破綻の兆候が起きた場合、可能であれば、銀行などから固定金利で借金をすることもおすすめです。

(これはできる人とできない人がいます。あくまで可能であればという条件付きです)

複式簿記の世界では、資産－負債＝純資産という公式が成り立っています。

個人の家計を簿記にたとえたときも、この公式は成立します。

家計で持っている資産(現金や株式、不動産など)から、負債(不動産のローン残高など)を引いた数字が、その家計の純資産です。

このうち、財政破綻でハイパーインフレーションが起きた場合、資産も負債も価値は目減りします。

ただし、どのくらい資産や負債を目減りさせるかは、頭を使うことで調整できます。

具体的にいうと、銀行から借金をし、そのお金で本書で書いたような財政破綻対策をおこなえば、ハイパーインフレーションで固定金利の負債はすごく目減りさせるけれども、資産はさほど目減りせず、純資産を維持あるいは増やすことすらできるかもしれません。もしハイパーインフレで負債は目減りするも、資産はさほど目減りせず、純資産が増えるのならば、とても素晴らしいことです。

借金というと心理的に拒否感を抱く方も多いでしょうし、また、人によっては借金できない人もいるので、この方法は誰にでもおすすめできるわけではありません。

ただ、こういう方法もあるということを知っておくだけでも、選択肢の幅は広がると思い、ご紹介しました。

(なお、変動金利で借りた場合、財政破綻に伴う金利上昇で、支払う利子の金額が増える可能性があります。できることならば、固定金利で借りることをおすすめします)

田畑

ソ連崩壊時、人々は飢えをなんとかしのぐため、ダーチャという畑つきの別荘で作物を作りました。

食べ物があれば、資産を失おうが、年金が削られようが、給料が遅配しようが、食いつなぐことはできます。

ソ連（ロシア）でも、このダーチャのおかげで、多くの人が、餓死せずにすみました。

さらに、自分で消費する以上に作物がとれたら、他人に売ることもできます。

もちろん畑は、土地を買い、耕すなど手間がかかります。都市部に住む人には難しいでしょう。

地方に住んでいる人や、資金に余裕のある人は、無理のない範囲である程度の広さの畑を入手し、作物を植えておくという選択肢も考えておいていいかもしれません。

海外移住

2015年に亡くなった、リー・クアンユーというシンガポールの政治家がいます。

彼は生前、日本の構造問題はすでに手遅れだと判断し、"If I were a young Japanese and I could speak English, I would probably choose to emigrate."といいました。

日本語に訳すと「もし私が若い日本人で英語を話せるのなら、海外移住するだろう」とでもなるでしょうか。

財政破綻について考えるときも、海外移住という選択肢はあります。

海外のうち安定している国に生活拠点を移すことができれば、日本の財政破綻を免れることができるからです。

ただ、生活基盤を移すことや、仕事や言語などでハードルはとても高いです。

海外移住できる人は、現実的にはあまりいないでしょう。

もちろん、とくに若い方を中心に、英語や専門能力を向上させるなどすれば、海外で仕事をすることは不可能ではありません。

興味のある方は、挑戦してみるのもよいと思います。

国内不動産

財政破綻対策とハイパーインフレ対策として、不動産をおすすめする人もいます。

しかし、結論からいうと、私は、不動産はあまりおすすめできないと考えています。

(不動産は物件ごとに、かなり状況が異なります。以下はあくまで一般論にすぎず、あくまでケースバイケースであると考えていただけたらと思います)

よく「不動産はインフレに強い」といわれます。

たしかにこれは一理あるのですが、日本のような国が財政破綻したときに起きるハイパーインフレーションにもあてはまるかというと、疑問です。

これまで述べてきたとおり、財政破綻したときは、経済恐慌が起きているはずです。

そういうとき、人々は困窮しているので、なるべく安い家賃の家に住もうとします。

大家から見ると、入居者や入居希望者から、あまり高い家賃を取れなくなります。人々が貧しくなっているのだから、仕方ありません。

オフィス用不動産についても、同じ理屈があてはまります。

このような力が働き、財政破綻時には不動産価格に下落圧力がかかります。


また、財政破綻時には金利が上がっています。

これにより、変動金利でお金を借りて不動産を買っている不動産オーナーが、破産したり返済に困ったりで、手持ちの不動産の投売りを始めます。

しかも、経済恐慌が起きているので、不動産を売ろうとしても買い手が現れないことが増えます。不動産は売ろうとしても、買い手が現れないことがあります。その場合、買い手が現れるまで現金化できません。

（このリスクを、流動性リスクといいます。流動性リスク＝すぐに売れるかどうかわからないリスクだと考えてください）

そうなると、不動産価格には下落圧力がかかります。

さらに、日本の場合、人口減が進んでいます。一方、不動産の供給はそうすぐには減りません。

この流れが続くと、今後は不動産がさらに余っていく可能性が高いです。

資本主義の世界では、供給が増えるか需要が減るかすると、そのモノの価格は下がる傾向があるので、不動産価格には下落圧力がかかります。

（なお、東京都心の不動産についてはまた別の理屈で動いています。ただこれも、世界全体でカネ余りが続いていることで維持されている側面があります。カネ余りの現状が逆流しはじめるリスクを考えると、都心の不動産にもあまり手を出さないほうがいいと思います）

こんな状況で不動産で利益を上げる場合、よい物件を探す力や人脈、そもそもそれがよい物件なのかどうかを見抜く目利き力などが必要になります。

そして、これらを手に入れるのはかなり難しいです。まず、もしよい物件があれば、たいていは不動産屋などの業界に詳しいプロのインサイダー（業界内部者）に取られてしまいます。株と違い、不動産の世界にインサイダー取引規制はありません。プロの不動産屋さんによい物件を取られてしまったあとの残りの不動産を、普通の人は見ることになります。ですので、普通の人がよい物件にたどり着くハードルはとても高いです。また、不動産を目利きするとなると、大変な勉強と経験が必要になります。

このような難しい理由があるなか、ローンを組んで国内不動産を買うのは、あまり得策とは思えません。

収益性を長期にわたり維持できるのかというと、「うーん……」といいたくなります。

以上の理由から、国内不動産への投資はおすすめしません。

それでも買いたい、あるいは事情があって買わざるをえない場合、変動金利で借りず、固定金利で借りるようにしましょう。財政破綻のときは、金利が急激に上昇する可能性がありますそのときに変動金利だとその分返済額が急増してしまい、大変なことになるかもしれません。

すでに変動金利で借りている人は、可能なら固定金利に借り換えておくことをおすすめします。

なお、不動産を本当に買うべきタイミングは、財政破綻をした後に現れると思います。財政破綻したとき、国債価格は暴落し、金利が上がっているはずです。

これにより、変動金利でお金を借りて不動産を買っている不動産オーナーが、破産したり返済に困ったりで、手持ちの不動産の投げ売りをします。

こういう人たちが売りつくした後、良質な不動産を安く買うチャンスがやってきます。

長期投資の真髄は、人が苦しんで投げ売りしてるときを横目で見つつ、その投げ売りがだいたい終わり、ペンペン草も生えないような状態になるまで待つことです。

暴落して売り物がなくなったとき、そこには質のよい物件がたくさん転がっています。

ここを買うのが長期投資で勝利するコツです。

気をつけてほしいのは、急激に価格が落ちているときに買ってはダメだということです。

相場格言で、「落ちるナイフはつかむな」という言葉があります。急落している資産を買ってはいけない、落ち着くまで様子を見ろという意味です。

不動産を買うとしたら、状況が落ち着いてきて、少し市況が上向いたところを見計らいましょう。

海外不動産

海外不動産の購入を検討する方もいるでしょう。

人口が減っている日本ではなく、人口が増えている海外の不動産に投資してみましょうという主張です。

これには、たしかに魅力的な点があるのですが、次のような問題点があります。

❶ 購入時の物件確認や物件管理など、いろいろ手間がかかる

日本にいながら海外不動産を買おうとすると、いろいろ面倒くさいことが生じます。たとえば、その物件を見にいくだけで、飛行機のチケットをとり現地に行く必要があります。もしハズレ物件だったら、行くだけ無駄になります。

また、買った後も管理に手間がかかります。管理会社に任せようにも、その管理会社が信頼できるかどうかもわかりません。

❷ 購入できる国がかぎられている点

多くの国が、外国人による不動産購入を規制しています。規制の少ない国の不動産は、カネ余りを背景とした投機マネーや外国人マネーがすでに入っており、魅力的な物件が少なくなっています。

❸ 法律や言語、文化の壁がある

日本では当たり前の常識が、よその国だと違うということは本当によくあります。事前に入念な調査が必要です。

❹ 詐欺業者や詐欺的な物件も含まれている

一見よさそうな言葉で勧誘しておき、実際にはしょうもない物件を紹介するなど、半ば詐欺的なことをする業者が散見されます。

もちろんまじめにやってる業者もあるのですが、あまり詳しくない人がそれを見抜くのは至難の業です。

以上の理由により、ハードルはかなり高いです。

少なくとも、不動産に詳しくない人が手を出すのはやめたほうがいいと思います。

日本株についても、これまで不動産の節で述べたのと似たような理屈があてはまります。

まず、財政破綻時には、金融危機や信用収縮もあわせて起きているはずです。

こういうとき、株価は普通下がります。

また、日本企業は、日本で稼いでいる会社が多いです。

経済恐慌が起きるので、当然、業績は下がります。

これも売り圧力になります。

それでも株を買いたい場合は、デイトレーダーやスイングトレーダーなど普段から日常的に相場を張っている人を除くと、何年かに一度、リーマンショックのような巨大なショックが起きたあと、タイミングを見計らってやるのがおすすめです。

そういう大きなショックの後は、ほとんどすべての企業の株が売られまくります。

その後、ペンペン草もはえないような焼け野原状態になった後、競争力のある会社から、じわじわと株価が戻っていきます。

焼け野原状態になったときは、本当によい会社の株がものすごく安い値段で買えます。

そこで買い、あとは何年か放置することで、収益を狙うことができます。

そういうショックは周期的にかならず起きるので、それまでは何もせずのんびりしていてもいいと思います。

そのきっかけが日本の財政破綻なのか、あるいは中国をはじめとするどこかの国の経済が崩れることなのかは、現時点では不明です。

仮に前者だとしたら、ハイパーインフレを価格に転嫁できる会社から、株価はしだいに戻っていくでしょう。

投資信託

結論からいうと、日本のほとんどの投資信託はおすすめできません。

参考までに、金融庁が出した『平成27事務年度金融レポート』に、アメリカの投資信託と日本の投資信託との比較が載っています。

これを見ると、アメリカの投資信託の販売手数料は0・59%、信託報酬は0・28%、年間収益率は5・2%でした。

一方、日本の投資信託の販売手数料は3・2%、信託報酬は1・53%、年間収益率はマイナス0・11%です。

要は、日本人はアメリカ人と比べ、ぜんぜん儲からない（というか損している）投資信託を、わざわざ高い手数料を払って買っているということです。

とくに高齢者の方は、自分の話を聞いてくれたセールスマンのいうことを信じ、「よい人そうだから買う」という行動をしがちです。

その商品がよいから買うのではなく、人間関係で高額な商品を買ってしまうのです。

「親が証券会社や銀行に騙され、ろくでもない投信を買わされてた」という人も多いでしょう。

現在、金融機関は、銀行も証券会社も、マイナス金利で経営がどこも苦しいです。

たとえば銀行なら、日銀の低金利政策に伴い、従来の融資業務が収益減となっています。

これを補うため、投資信託を個人に売り、そこから手数料を取るビジネスに移りつつあります。

わかりやすくいうと、自らはリスクを負わず投資信託を客に売り、報酬だけもらって客にリスクを押し付け損させてるわけです。

(年間コスト2％もするラップ口座なんて、さらに論外です)

金融機関の経営を応援するためにお布施する必要など、まったくありません。

日本の銀行や証券会社が売っている投資信託の大半は、先ほど紹介した金融庁のレポートから明らかなとおり、買う価値がありません。

証券会社や銀行のセールスマンがすすめる金融商品は、基本的に疑ってかかりましょう。

ところで、私が一番どうしようもない投信だと思うのが、独立系のS社が運用するS投信です。

本やマーケティングに力を入れている、とても有名な投信です。トップの人が書いた本を読んだ方も多くいるでしょう。

どこの投信かは明記しませんが、察してください。

ここの投信のトップは、「安いときに買う」だとか「応援したい会社を買う」だとか、いろいろいっています。

しかし、値動きを見ると、日経平均とほぼ同じ動きです。

おまけに、分配金を払っていません。なのに手数料を取っています。

なら、日経平均に連動する低コストの日経レバなどのETFや、日経平均先物（ラージまたはミニ）を買うべきです。

インデックスにも勝てない運用で手数料を取るアクティブ運用の投信に、存在意義はありません。ここの投信を買っている人はカモにされているので、早めに解約することをおすすめします。

インデックスファンド

通常、ダウや日経平均に連動するインデックスファンドはよい資産運用方法だといわれています。

たしかに、コストが安い点、アクティブ運用に実質的なただ乗りができる点、定期的な入れ替えがある点など、優れた手法であるのは事実です。

ただ、通常の資産運用ではよい方法とされるインデックスファンドも、財政破綻時にはあまりおすすめできません。

そもそもインデックスファンドは、世界経済全体を一つの株式会社だと考えたとき、この「株式会社　世界経済」の株価だと考えることができます。

これまで、「株式会社　世界経済」は成長しつづけてきました。貧困国の数が減り、世界全体が豊かになる流れが何十年も続いてきました。

「これまで世界経済は伸びつづけてきた」というのは、まぎれもない事実です。

しかし、「今後もこの伸びが続く」というのは、よく考えると、実は単なる願望や仮説にすぎないのです。

たとえば日本には昔、土地神話がありました。

これは「日本の土地を持っていれば、ずっと上がりつづける」というものです。

実際、日本の地価は戦後数十年にわたり、ほぼ一貫して上昇しつづけてきました。

１９８０年代のバブル時代においては、土地はものすごい値段に爆騰しました。

しかし、バブルが崩れた後、この土地神話は完全に崩れました。

地価の上昇トレンドは終わったのです。

これは、「これまで値段が上がりつづけてきたから、今後も上がりつづけるだろう」という考えが間違っているよい例です。

通常、インデックスファンドは大きく株価が下がったときに買うのがよいとされてます。

しかし、これがたとえば日本の財政破綻のような、世界経済に大きな影響を及ぼす場合にも当てはまるかどうかは未知数です。

インデックスファンドに投資をしていても、リーマンショックのときはなにもかも売られまくり、半値以下になりました。

日本の財政破綻のような大きなショックが起きたとき、本当に立ち直ることができる保障はあるのでしょうか？

もちろん中長期では回復する可能性もありますが、そうならない可能性もあります。

少なくとも、インデックスファンドが株式市場の値動きに連動する以上、短期的には売られて下がるので、短期的な財政破綻対策としてはあまりおすすめできません。

日本国債のショート（空売り）

破綻の兆候が見えたとき、国債価格が下がれば儲かる債券ベアファンドを買ったり、債券先物を直接ショートしたりする選択肢もあります。

ショートとは、空売りのことです。イメージしづらいと思いますが、その金融商品の価格が下がれば儲かる戦略だと考えておいてください。

また、日本国債の暴落に賭ける人は海外にも多くいます。有名なところで挙げると、カイル・バス氏などです。

しかし、日本国債のショートという戦略は、今に至るまで長年、損失を出しつづけています。

これまで、日本国債は暴落していないのです。

先述のカイル・バス氏は、2010年頃すでに日本国債のショートを声高に主張していましたが、その後5年以上経った今も日本国債は暴落していません。

この理由は、日銀が買い支えたりといろんな理由があるのですが、とにかく、この戦略が長年失敗しつづけていることは事実です。

また、債券先物やCFD（差金決済取引）をショートするのは初心者の人には少し荷が重いこと、FXなど他の手法のほうが債券ベアファンドやETFを買うよりも低コストでわかりやすいことなどを考えると、積極的にやる必要はないと思います。

もし日本国債のショートをおこなうのだとしたら、これらのような事情を考慮に入れておいてください。

私は、この方法はあまりおすすめしません。

◎日本円の現金・預金

ハイパーインフレーションが起きていない2017年現在では、日本円の現金・預金を持っておくのは悪くない方法です。

ただ、財政破綻とハイパーインフレーションが起きたときは、非常に脆弱な資産になります。

現金・預金が他の金融商品に比べ優れているのは、いろんな金融資産に即座に換えることができるという点です。

このような流動性の面では、おそらく最強の資産です。

しばらくは現金・預金で日本円を確保しておきつつ、いざというときにはすぐに動けるようにしておきましょう。

ロボアド（ロボットアドバイザー）

ロボアド（ロボットアドバイザー）なるものが、最近出てきました。

ロボアドとは、一言でいうと、人工知能を使った資産運用サービスです。

「お金をロボアド会社に預けたら、ロボアド会社が人工知能を使い、自動的にそのお金を株・債券・海外資産などさまざまな金融商品に投資し守ってくれる」といううたい文句でサービスを提供しています。

ロボアド会社に登録すると、まず資産を守っていく方針について、いろいろアンケートを聞かれます。

このアンケートでは、顧客の年齢や希望する投資方針、リスク許容度などを調べています。

それに回答すると、ロボアド会社のコンピュータがその方針に従い、過去のデータなどをもとにプログラムを作ります。

あとはお金をロボアド会社に預けると、そのプログラムに従い、あなたのお金が自動的にいろんな金融商品に投資されます。

その対価として、ロボアド会社は手数料を取ります。

次に、ロボアドのメリットを紹介します。

ロボアドには、次のようなメリットがあります。

❶人手を介さないので手数料が安くなりうる点

従来、金融機関やファイナンシャルプランナーなどがやっていたことを、ロボアドのコンピュータが資産の配分方法を機械的に計算してくれます。

ですので、従来の資産管理サービスに比べ、低コストで同程度のサービスを利用できる可能性があります。

❷ 海外資産への投資が容易である点

財政破綻した場合に備え、海外資産への投資をするという選択肢がありますが、少し大変です。

この点、ロボアドを使うと自動的に海外資産に投資してくれるというメリットがあります。

❸ リバランスをしてくれる点

金融商品を投資していると、値段の上下動などに伴い、その金融商品を多少売ったり買ったりして調整する手間が生じます。これをリバランスと呼びます。

この点、ロボアドはこのリバランスの作業を自動的にやってくれます。

次は、ロボアドのデメリットを3つ書いてみます。

❶顧客の投資方針、リスク許容度を正確に把握できるか不透明な点

ロボアドに登録する前に聞かれるアンケートが、微妙な内容なのです。

おもに投資初心者を対象にしているので仕方ないのですが、これで本当に顧客の投資方針やリスク許容度がわかるの？　といわざるをえないような大雑把すぎる内容です。

たとえば海外ＥＴＦだけに投資してほしいとか、何か思うところがあったとしても、今のところそういうことはできません。

あくまでロボアド会社が顧客に聞く質問へ回答し、それをもとにロボアドが出した人工知能プログラムに従って売買することになります。

内部でどういうロジックで動いているのか、外からだと正確にはわかりませんし、細やかな顧客の投資方針やリスク許容度を指定することもできません。

そのロボアドの人工知能が、どのくらい性能がよく、どれだけしっかりと顧客の資産を守り、増やすことができるのか、評価することが非常に難しいのです。

（とはいえ、これには長所である簡便さの裏返し的な側面もあります。なお、ロボアド各社は、人工知能がどのように動いているかというアルゴリズムの正確な内容を公開していません。公開すると他社に真似されてしまうので当然といえば当然です）

❷ 本当に資産が守れるかわからないのに、できると誤解させがちである点

どんな投資をするにせよ、将来を正確に予測することは不可能です。

ロボアドが提供するプログラムも、あくまで現時点でのデータに基づく推計にすぎません。

しかし現実には、「何もせずとも、ロボアド会社にお金を預けると、人工知能で資産が守られたり増やせたりする」みたいに誤解されがちな面があります。「人工知能」という単語がマジックワードで、なんかよくわからないけどすごいと思わせがちなのです。実際は非常にあやふやなものなのですが。

この誤解を利用し、顧客を勧誘する動機やインセンティブがロボアド会社にはあります。ロボアドが一足早く普及しつつあるアメリカでも同じような問題が起きており、規制が強化されそうな雰囲気になっています。

❸消耗戦になったり、差別化できなくなる可能性がある点

ロボアドの今後を考えるにあたり、おそらくもっとも重要となる点は、「資産が増えるシステムを提供できるか」ということでしょう。

お金を預けようとする人が本当に求めているのは、預けたお金が守られ、増えることです。これが本音です。

なので、たとえばロボアド会社が強力で儲かる人工知能を提供することに成功すれば、申し込みもぐっと増えるはずです。「うちに預ければ儲かりますよ」というセールストークが使えるようになるからです。

ただ、人工知能開発で戦うとなると、人材も資金も豊富な大手クオンツファンドのガチ勢との正面勝負になります。

競争環境はおそらくかなりきつく、手数料勝負の消耗戦になりかねません。

そうならなかったとしても、各社のストラテジーが似たり寄ったりのサービスになっていき、差別化できなくなっていく可能性もあります。

以上のように、ロボアドにはメリットとデメリットがあります。

ロボアドはまだ出てきたばかりで、検証できるデータがあまりありません。

ですので、財政破綻対策としてどれだけ使えるのか、現時点ではなんともいえません。

ただし、今後非常に使えるサービスになる可能性があるので、今後も継続的にウォッチしていこうと考えています。

なお、ロボアドは、現状ですら、金融機関が売っている大半の投資信託よりはマシです。

そういう投資信託を買うくらいなら、ロボアドを買ったほうがよいと思います。

column

楽して儲かる系の話はほぼ１００％詐欺

これは金融の勉強をするうえで、絶対に覚えておいてほしい話です。

よくネットなどでは「これやれば必ず楽して儲かる」という話があふれています。

あれ、ほぼ１００％ウソです。

そもそも絶対儲かる方法なら、自分で親族や銀行やまわりから金を借りてやればいいわけです。

今の世の中、金利がものすごく低いです。金が余ってて投資先がない状態なんですよ。

そんな儲かる方法ならみんな喜んでお金貸してくれるでしょう。

絶対に儲かるんだったら、わざわざ広告を打って個人からお金を集めるんじゃなくて、自分でお金を借りて自由にやればいいだけです。

そもそも金融の世界には、詐欺行為をする人がとても多いです。

たとえば、よくあるのが、いわゆる「バーチャ」と呼ばれる人たちです。バーチャとはバーチャル投資家の略です。ホントはぜんぜん儲かってないのに、さも儲かってるふりをしてツイッターやブログを書きます。

それを読み「すげー」と思って寄ってくる情報弱者の読者を相手に、内容の薄い高額な情報商材を売りつけるビジネスモデルです。自分の顔写真を広告に流して「1日30分で年2億」とかいってる人なんかは、まさにこれです。そりゃ、そういうことをやっている人は広告でカモを釣って情報商材売っているわけですから、2億円くらい儲かってるかもしれません。でもそれは何も知らない人を騙しているような詐欺的な行為です。

一時期話題になった「オプザイル」と呼ばれる、儲かってるふりをして純情なカモを騙し、ツイッター経由でバイナリーオプションソフトを売りつける詐欺集団も、手法は同じです。

これを発展させ、マルチ商法をやる悪党もいます。

繰り返しますが、金融の世界では、美味しい話はまずありません。そういうものを見聞きしたら、基本的に疑ってかかってください。

本当に儲かる方法があれば、人には教えず自分でやります。

著名人でも、投資詐欺にひっかかって大損食らう人はたくさんいます。気をつけてください。

第4章

いざというときに機動的に動けるよう、今やっておくべきこと

第3章では、財政破綻対策としてどのような方法が考えられるのかを見てきました。第4章では、第3章で紹介した方法のうち、とくにおすすめの方法である外貨預金、金（ゴールド）、FX（外国為替証拠金取引）、ビットコインの4つについて、口座の開設方法などより詳しく紹介していきます。

まずは、外貨預金について見ていきましょう。

外貨預金については、第3章でも述べたとおり、今すぐやる必要ありません。

日本は租税法律主義をとっています。これは憲法84条で定められています。国民から税などの形で資産を徴収する場合は、議論して法令を作り、それを告知したうえでおこなうことが必要になります。

ですので、たとえば、とくに何の法的根拠もなく、いきなり政府の役人が家にきて「1000万円払え」といってはいけません。政府が法的な根拠なく課税するのはダメなのです。

政府が国民の財産を徴収するときは、あくまで法的な根拠を作ったうえでおこないます。とはいえ、このような法的手続きをすると、反発を生んだり、資産移転を加速するという悪影響があります、

ですので、本当に政府が追い詰められた場合、政府はハイパーインフレーションを選択するでしょう。

ハイパーインフレーションを起こすには、法的手続きは不要です。これで、強制的に国民の資産を徴収することができます。

今現在、日本はまだ安定しています。また、制度が大きく変わる兆候も見られません。ですので、今すぐ外貨預金をする必要はまったくありません。日本円のまま持っておけばOKです。

ただし、いざとなったらすぐに動けるように準備だけしておくことをおすすめします。では、どのように準備するべきか？　というと、アメリカの金融機関に口座だけ開いておくのです。

そのうえで、しばらくはなにもしないでおきつつ、状況が変わったときにアメリカに資産を移します。

次の節では、なぜ数ある国のなかからアメリカを選ぶのか、理由を書きます。

なぜアメリカなのか

外国にお金を預ける場合、預け先の国が安定しているか、破綻せず成長しつづけるか、法令はきちんと守られているか、などいろいろな点を総合的に見る必要があります。

この点、アメリカは世界一の政治力・軍事力・経済力を持つこと、比較的高い人口増加率が今後も継続すること、日本の同盟国であること、法治が行き届いていることなど、資産防衛に使う国として総合的に優れているといえます。

以前より衰えた面もあるとはいえ、科学技術、競争力の強い企業の数、優れた大学の数など、総合的な国力はいまだにずばぬけています。

このような国は、他にはありません。

たとえば、資産逃避先として一時期人気のあった香港は、中国というリスクを抱えています。

中国と日本の間には歴史問題をはじめ、さまざまな火種があります。建前上は一国二制度といっているものの、香港に対する中国政府の影響力は強まりつつあります。何かの折に日本人が狙い撃ちされるリスクはあるでしょう。

また、アメリカ政府が世界中のお金をアメリカに流れ込ませようと強力に後押ししているのも、アメリカをおすすめする理由のひとつです。

これは少し背景が複雑なので、多少詳しく説明します。

２０１０年に、外国口座税務コンプライアンス法（Foreign Account Tax Compliance Act 略称はＦＡＴＣＡ）という法律がアメリカで施行されました。

この法律は、アメリカ人が、アメリカ国外に隠し資産を持つことを見張ることを目的としています。

もっとわかりやすくいうと、「アメリカ人が、アメリカ国外に一定以上の金額を預金している場合、その国の銀行はアメリカ国税庁（ＩＲＳ）にその明細を毎年報告せい」という法律です。

たとえば、もしゴルゴ君という名前のアメリカ人がスイスの銀行に預金していた場合、そのスイスの銀行は、アメリカ国税庁（ＩＲＳ）にゴルゴ君の口座の明細を毎年報告しなければならないのです。

これは、アメリカ人富裕層がアメリカ国外に資産移転をおこない、税逃れをしていたことが背景にあります。

アメリカ政府は、アメリカ国外への資産移転に厳しい措置をとることに決め、このような法律を作ったのです。


ちなみに、この法律は本来アメリカ人を対象にしているので、各国はこんな要求を受け入れる必要はありません。


ですが、アメリカ政府はアメリカの国力をちらつかせ、各国に「お前の国の銀行がアメリカ人の情報を持っていたら、アメリカ政府に報告せい」という要求を飲ませています。世界一の政治力・軍事力・経済力をちらつかせながら、陰に陽にプレッシャーをかけてくるので、たいていの国は従います。

スイスのような守秘義務が固いとされていた国ですら、アメリカ政府の要求に折れました。

漫画のゴルゴ13では、依頼人がゴルゴ13にお金を支払うとき、スイスの銀行口座にお金を振り込みます。しかし、今やスイスの銀行は裸です。顧客の情報を守ってくれません。

もし今ゴルゴ13が生きていたら、スイスの銀行は使わないでしょう。

とにかくこの法律は施行されました。

その結果、各国の金融機関は、アメリカ人の預金を預かる負担を避けるため、「アメリカ人はお断り」とすることが増えています。

アメリカ人にとっては若干気の毒ですが、仕方ありません。

これによってアメリカ人の資産は、基本的に、アメリカ国内に置かれる傾向が強まっています。

さて、このアメリカの外国口座税務コンプライアンス法（ＦＡＴＣＡ）を参考にし、経済協力開発機構（ＯＥＣＤ）という国際機関は、共通報告基準（Common Report Standard 略称ＣＲＳ）という制度を、２０１４年に公表しました。

この共通報告基準（ＣＲＳ）は、ある人が外国の金融機関にお金を預けたとき、お金を預けられた金融機関が、預けた人が実際に住んでる国の税務当局に口座の情報を共有する仕組みです。

この制度を導入した目的は、各国にちらばる預金者情報や口座の情報などを共有することで、資産隠しをしようとする人を白日のもとにさらそうということです。

要は、タックスヘイヴンやオフショアのプライベートバンクなど、あらゆる方法を使い資産隠しをしてきた人たちをターゲットにし、そういう人たちをあぶりだしていこう！ということです。

共通報告基準（ＣＲＳ）は、１００カ国で導入が決まっています。

日本を含む先進国のほとんども、この１００カ国に入っています。

これによって、現地に住んでいない外国人による口座開設が難しくなりつつあります。

銀行側は余計な手間を増やしたくないので、口座を開設しようとしても渋るようになっているのです。

制度導入の目的は、租税回避先であるタックスヘイヴンを各国が協力してつぶすことなので、まぁ仕方ありません。

しかし、例外があります。

アメリカです。

アメリカは先進国のなかで唯一、この共通報告基準（ＣＲＳ）を導入していません。

では、なぜアメリカは共通報告基準（ＣＲＳ）を導入していないのでしょうか。

表向きは「すでにアメリカでは外国口座税務コンプライアンス法（ＦＡＴＣＡ）がある

から」というのを建前にしています。

しかし、本当の理由はおそらく、アメリカ国内にある口座の情報を、他の共通報告基準（CRS）導入国に渡したくないからでしょう。

そもそも、今のアメリカ政府の基本的な国家戦略は、「なんとかアメリカに世界のお金を呼び込もう」というものです。

当たり前ですが、お金が入ってくるのはいいものです。お金が自分の国に入ってくれば、そのお金を使って投資したり、いろんなことができます。投資が進めば、雇用も増え、経済もうまくまわります。

なので、**アメリカ政府は、自分の国にお金が流れ込んでくるのを歓迎します。**

そういうわけで、アメリカは、アメリカからアメリカ国外へのお金の流出を止めつつ、アメリカ国内にお金が流れこんでくる仕組みを強化しようとします。

アメリカは、軍事面でも経済面でも、あらゆる面で文句なしの世界最強国です。その力を利用し、アメリカ政府は、アメリカ国内にある資産を守ります。

たとえば、アメリカは、自国にある金融機関の情報は他国に開示したがりません。

また、アメリカ国内には、デラウェア州など、事実上のタックスヘイヴンと呼べる場所があります。これもアメリカにお金を預ける魅力のひとつです。

これで、多少黒いお金だろうがなんだろうが、アメリカにお金が流れ込んでくるようになりました。

中国政府のお偉いさんたちですら、アメリカに隠し資産をおいています。

もちろん中国はアメリカにとって仮想敵国ですが、カネの前では何でもよいのです。中国政府のお偉いさんたちにしてみると、中国国内においておくのは危険きわまりないことです。いつ政敵に刺され、資産を奪われるかわかりませんから。

なので彼らはアメリカに資産をおきます。アメリカは資本主義の超大国です。敵のカネだろうがなんだろうが、カネならなんでもバクバクと受け容れます。このアメリカのオープンさ、貪欲さは、本当にすごいなと思います。

これに加えて、ドルの基軸通貨としての立場をうまく利用し、世界中からお金を集めています。

それとあわせて、資産隠し先として有名な諸外国を叩きます。スイスなどはずいぶんやられました。

アメリカ国外のタックスヘイヴンなどに、アメリカ人のお金が流れてしまうようなことは、アメリカ政府にとってはまったくメリットがないからです。

その結果どうなったかというと、**世界のお金はアメリカに集まりつつあります。**

同時に、アメリカ以外の国に資産を預けるのが困難になってきました。

これは、アメリカ政府の確固たる国家戦略に基づく方針です。

この流れは、そう簡単には変わらないでしょう。

この国家戦略は、アメリカに世界のお金をかき集め、アメリカ国内に投資させ、アメリカの雇用を増やすことが目的です

くだけた言葉で表現するならば、アメリカの本音は、

「俺以外の国がカネを集めるのはNGな。アメリカ国外のタックスヘイヴンはなるべくぶっつぶす！　脱税とかマネロンとか犯罪の温床だからな！　何か悪いことしてるかもしれないので他の国はもっと情報よこせ。

だけど俺んとこにカネを預けるなら守ってやる。アメリカ人だろうが中国人だろうが日本人だろうが、アメリカ国内にお金を置いてくれる分には大歓迎だ！」

とでもいえるでしょうか。

それゆえ、アメリカ国内にある預金は開示しないものの、アメリカ国外にアメリカ人が出す分はいちゃもんをつけて情報を開示せいといったりと、まるでドラえもんのジャイアンみたいな勝手な行動をとるのです。

これはまさに「お前のものは俺のもの、俺のものは俺のもの」というジャイアニズム思想に近いものです。

しかし、世の中、強いやつが勝ちます。現時点ではアメリカは世界最強国なので、誰も逆らえません。

よって、財政破綻対策として一番おすすめなのはアメリカに移転することだといえます。

これはアメリカの国家戦略にも沿っています。

アメリカは、アメリカにお金を移す人に対しては非常に寛大であり、アメリカの力を使ってお金を守ってくれます。

スネ夫のように、強いものの力を利用し、その強さに守ってもらうことが賢明なのです。

ちなみに、日本政府もアメリカ政府にはかないません。日本はアメリカの強い影響下にある国です。日本政府は基本的に、アメリカ政府の意向に逆らえません。

財政破綻を心配する人は、日本政府よりアメリカ政府を頼ったほうがよいでしょう。（なお、念のため書いておきますが、私は脱税を推奨していません。あくまで、税金を正当に払ったあとの資産をどう守るかという観点で、本書の議論を進めています。脱税は絶対にしてはいけません。税金をきちんと日本政府に支払い、そのうえで財政破綻対策をおこなってください）

ここからは、まず資産がある程度ある人向けに、アメリカにあるおすすめの銀行と、口座の開設方法について説明します。

資産がある程度ある人向けの資産防衛法

ユニオンバンクの口座開設方法

（第3章「外貨預金」の節をまだ読んでいない方は、先にそちらを読んでから本節をお読みください）

第3章の「外貨預金」でも書いたとおり、私は、三菱東京UFJ銀行のアメリカ子会社である「ユニオンバンク」をおすすめしています。

一言でいうと、三菱東京ＵＦＪ銀行の子会社であるアメリカのユニオンバンクに口座を作り、財政破綻の兆候が生まれたらここにお金を送る、という手法です。

まず、ユニオンバンクをおすすめする理由を説明します。

最大のメリットは、日本にいながら、三菱東京ＵＦＪ銀行の日本語サポートを受け、日本語で口座を作ることができるという点です。

三菱東京ＵＦＪはもちろん、ユニオンバンクにも日本語を話せるスタッフがいるので、英語がわからない人でも容易に開設できます。

また、三菱東京ＵＦＪ銀行の子会社とはいえ、アメリカの銀行であり、管轄はアメリカ政府になります。

なので、仮に日本が財政破綻した場合でも、基本的に日本政府は直接手を出すことはできません。

また、アメリカの預金保険制度（ＦＤＩＣ）が一定額まで適用されます。

この点も、資産防衛上はメリットです。

「アメリカの銀行を使ったドルの外貨預金である」ともいえるでしょうか。

さらに、海外銀行に預金がある場合、預けた人が認知症になったときや相続の際、海外と日本の法令が違うことでトラブルになることが多いのですが、三菱東京ＵＦＪ銀行がバックにいるので、この点のリスクも少ないと考えられます。

加えて、本書では詳しくは書きませんが、将来的にアメリカの証券会社で資産運用をする場合、ユニオンバンクの口座を使えば入出金の中継にとても便利です。

おまけに、ユニオンバンクは財務体質もしっかりしています。２０１６年現在、信用力を見る指標の一つである長期格付けはS&PでA+、ムーディーズでA２と、非常に高い状態です。総資産は約１０００億ドルあり、カリフォルニア州を中心に４００店舗を越える支店を持っています。

以上の点より、私は、「三菱東京UFJ銀行の子会社であるアメリカのユニオンバンクに口座を作り、財政破綻の兆候が生まれたらここにお金を送る」というやり方をおすすめします。

財政破綻の兆候が起きてから口座開設手続きをした場合、間に合わない可能性があるため、日本が安定しているいまのうちにアメリカの口座を作っておきましょう。

そうしたほうが、いざというときに機敏に資金を移転できます。

ここからは、ユニオンバンクに口座開設する流れをご説明します。

1 三菱東京ＵＦＪ銀行に口座を作る

まず、三菱東京ＵＦＪ銀行に口座を持っているか確認してください。

三菱東京ＵＦＪ銀行に口座を持っている人は、ユニオンバンクに口座を作ることができます。

三菱東京ＵＦＪ銀行の口座を持っていない人は、まず三菱東京ＵＦＪ銀行に口座を開設してください。

最寄りの店に電話し、口座開設に必要な本人確認書類（自動車免許証や保険証など）を確認したうえで、印鑑を持ち、店舗に出向くのが一番手っ取り早いと思います。

海外口座ご紹介サービス《カリフォルニアアカウント・プログラム》
http://www.bk.mufg.jp/tsukau/kaigai/kouza/cali/

2 ユニオンバンクの口座開設資料を取り寄せる

次に、ユニオンバンクの口座開設資料を取り寄せます。

ユニオンバンクの口座を開設するときには、三菱東京ＵＦＪ銀行がおこなっているサービスである「カリフォルニアアカウント・プログラム」を利用します。

このプログラムを利用することで、三菱東京ＵＦＪ銀行がユニオンバンクの口座開設をサポートしてくれます。

「ユニオンバンク　海外口座ご紹介サービス」とか「カリフォルニアアカウント」で検索して上のほうに出てくるリンクを押すか、次のホームページにアクセスしてく

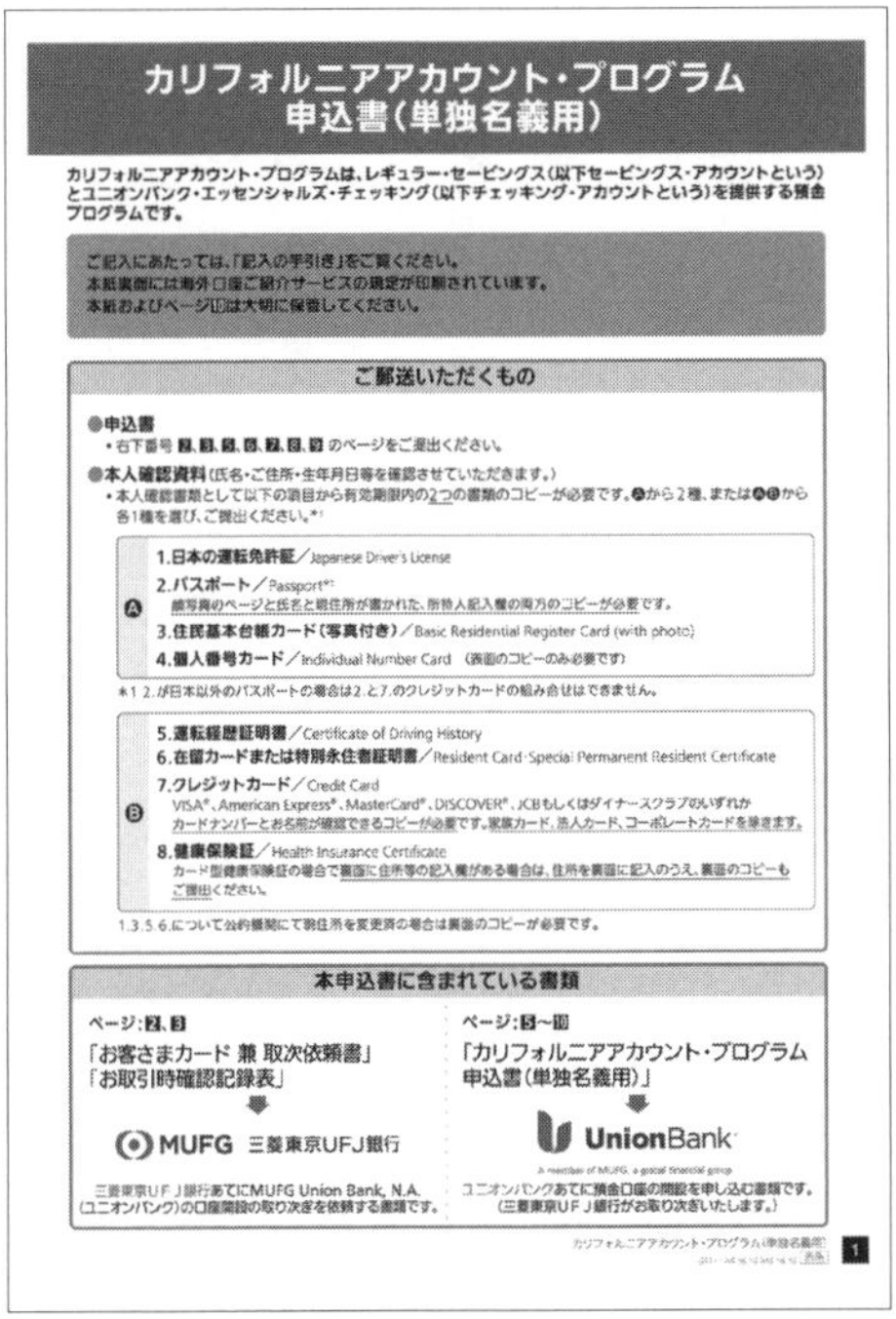

ださい。

海外口座ご紹介サービス《カリフォルニアアカウント・プログラム》
http://www.bk.mufg.jp/tsukau/kaigai/kouza/cali/

このページを下にスクロールし、資料請求をおこない、申込書を郵送してもらいます。

ＰＤＦで印刷し郵送することもできますが、申込書を郵送してもらったほうが印刷する手間も省けるのでおすすめです。

３ 郵送されてきた申込書に記入し、郵送する

しばらくすると、申込書が郵送されてきます。

この申込書は、同封されている「記入の手引き」に従い書けば大丈夫だと思いますが、いくつかポイントがあるので書いておきます（２４０ページをご覧ください）。

すべて書いたら、間違いがないか確認し、郵送します。

なお、本人確認書類が必要です。これを同封するのを忘れやすいので、注意してください。

4 ユニオンバンクから資料が届くので、オンラインバンキングの設定をおこなう

郵送してしばらくすると、ユニオンバンクから書類が郵送されてきます。

これが届いたら、ユニオンバンクのオンラインバンキングに申し込みましょう。

やり方はいろいろありますが、英語が得意な方は「ユニオンバンク」で検索し、出てきたホームページの右のほうにある「オンラインバンキング　お申込みはこちらから」というところを押せば、手続きを進めることができます。

もし何かトラブルが起きた場合や、英語が苦手な方は、日本語が通じるフリーダイヤルのコールセンターがユニオンバンクにあるので、電話してみてください。アドバイスを受けながら、オンラインバンキングの手続きをすることができます。

なお、パスワードなどは忘れないようにしておいてください。

◆貯金用口座（Savings account）と 決済用口座（Checking account）のどちらを選ぶか

ユニオンバンクで作ることができる口座には、Savings accountとChecking accountの２種類があります。

Savings accountは、「貯金用口座」という日本語訳のとおり、貯金する人向けの口座です。利息がつきますが、毎月の取引回数には６回程度に制限されています。それ以上の取引には手数料がかかるので、あまりお金を出金しない人向けの口座といえます。口座維持手数料は、残高が300ドル以上なら無料です。

Checking accountは、訳すと「決済用口座」になります。毎月の取引回数には制限がないものの、利息はつきません。頻繁にお金を出金したり取引したりする人向けの口座です。口座維持手数料は、残高が1500ドル以上なら無料です。

おすすめは、Savings accountです。あくまで財政破綻対策として口座を作るので、頻繁に出金することはないからです。利息がつき、口座維持手数料も安いのもメリットです。

また、この選択項目のすぐ下に、ATMカードの発行を希望するかしないかをチェックする項目があります。ATMカードがあったほうが便利なので、ここはチェックしてください。

◆口座開設の目的について

「貯蓄/Savings」をチェックすればOKです。

◆入金方法について

入金方法について聞かれる項目は、「送金／Wire」をチェックすればOKです。これは、「日本の銀行から送金します」という意味です。

◆予定している取引について

予定されている取引について聞かれる項目は、「外国送金」をチェックすればOKです。これは、外国（日本）から送金することを想定しています。

また、将来的にアメリカの証券会社を使うことを考えている人は、「ACHによるお取引」にもチェックしたほうがいいかもしれません。ACHとはAutomated Clearing Houseの略で、アメリカ国内の小口決済ネットワークです。これを使うことで、たとえばアメリカの銀行口座からアメリカの証券口座への資金移動が、とても安くおこなうことができます。

◆サインの項目について

サインを書く箇所があります。

普段使っているサインがある方はそれを書けばいいですが、サインを持っていない方は、普通の楷書で大丈夫だと思います。

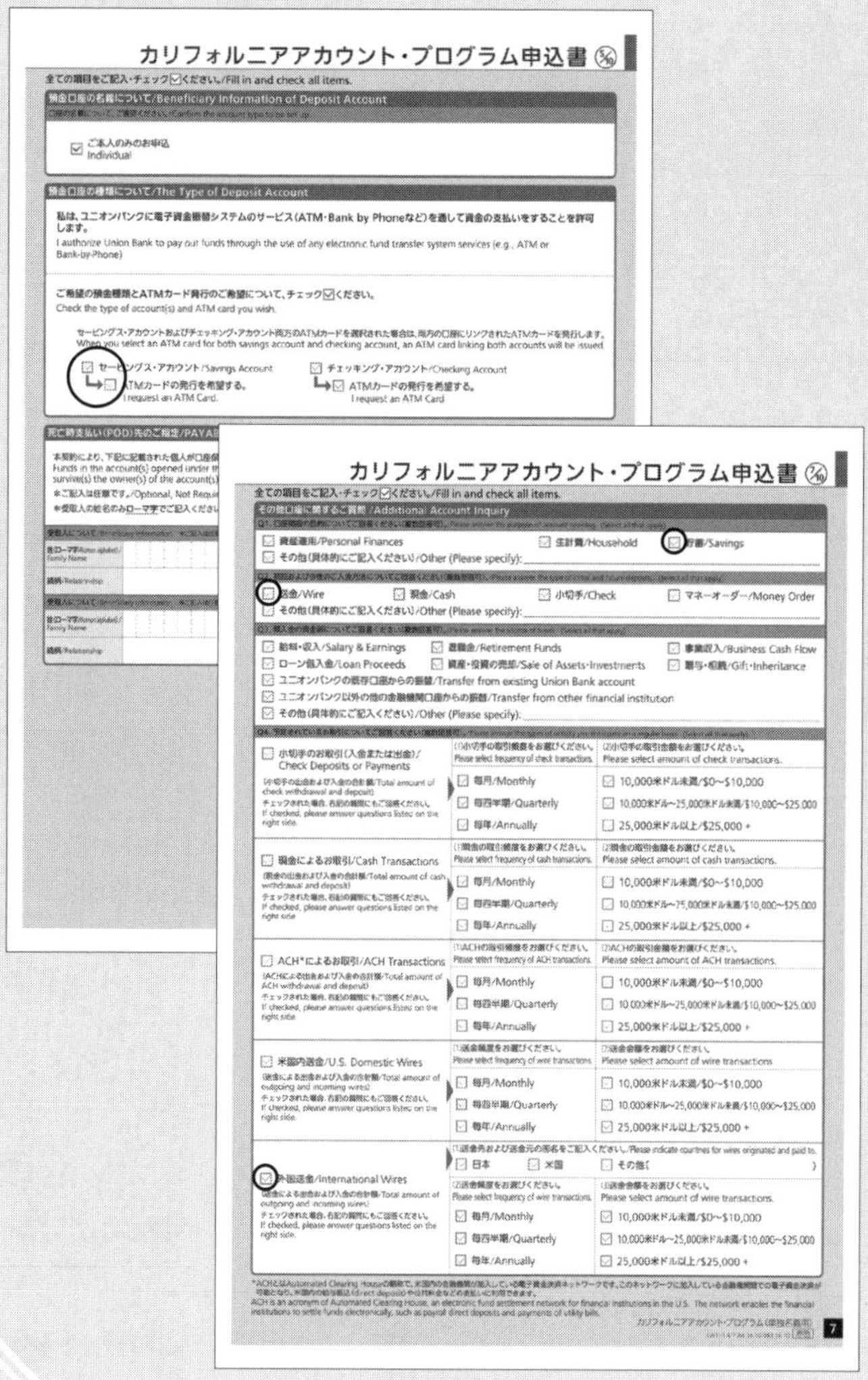
カリフォルニアアカウント・プログラム申込書 (5/10)

全ての項目をご記入・チェック☑ください。/Fill in and check all items.

預金口座の名義について/Beneficiary Information of Deposit Account

☑ ご本人のみのお申込 Individual

預金口座の種類について/The Type of Deposit Account

私は、ユニオンバンクに電子資金振替システムのサービス(ATM・Bank by Phoneなど)を通して資金の支払いをすることを許可します。

I authorize Union Bank to pay out funds through the use of any electronic fund transfer system services (e.g., ATM or Bank-by-Phone)

ご希望の預金種類とATMカード発行のご希望について、チェック☑ください。

Check the type of account(s) and ATM card you wish.

セービングス・アカウントおよびチェッキング・アカウント両方のATMカードを選択された場合は、両方の口座にリンクされたATMカードを発行します。

When you select an ATM card for both savings account and checking account, an ATM card linking both accounts will be issued.

☑ セービングス・アカウント/Savings Account ☐ ATMカードの発行を希望する。I request an ATM Card.

☑ チェッキング・アカウント/Checking Account ☑ ATMカードの発行を希望する。I request an ATM Card.

死亡時支払い(POD)先のご指定/PAYAB…

カリフォルニアアカウント・プログラム申込書 (7/10)

全ての項目をご記入・チェック☑ください。/Fill in and check all items.

その他口座に関するご質問 /Additional Account Inquiry

☐ 資産運用/Personal Finances ☑ 生計費/Household ☑ 貯蓄/Savings

☐ その他(具体的にご記入ください)/Other (Please specify):

☑ 送金/Wire ☑ 現金/Cash ☑ 小切手/Check ☐ マネーオーダー/Money Order

☐ その他(具体的にご記入ください)/Other (Please specify):

☑ 給料・収入/Salary & Earnings ☑ 退職金/Retirement Funds ☑ 事業収入/Business Cash Flow

☑ ローン借入金/Loan Proceeds ☑ 資産・投資の売却/Sale of Assets・Investments ☑ 贈与・相続/Gift・Inheritance

☑ ユニオンバンクの既存口座からの振替/Transfer from existing Union Bank account

☑ ユニオンバンク以外の他の金融機関口座からの振替/Transfer from other financial institution

☑ その他(具体的にご記入ください)/Other (Please specify):

	(1)頻度	(2)金額
☐ 小切手のお取引(入金または出金)/Check Deposits or Payments	☑ 毎月/Monthly ☑ 毎四半期/Quarterly ☑ 毎年/Annually	☑ 10,000米ドル未満/$0~$10,000 ☑ 10,000米ドル~25,000米ドル未満/$10,000~$25,000 ☐ 25,000米ドル以上/$25,000 +
☐ 現金によるお取引/Cash Transactions	☑ 毎月/Monthly ☑ 毎四半期/Quarterly ☑ 毎年/Annually	☑ 10,000米ドル未満/$0~$10,000 ☐ 10,000米ドル~25,000米ドル未満/$10,000~$25,000 ☑ 25,000米ドル以上/$25,000 +
☐ ACH*によるお取引/ACH Transactions	☑ 毎月/Monthly ☑ 毎四半期/Quarterly ☑ 毎年/Annually	☐ 10,000米ドル未満/$0~$10,000 ☐ 10,000米ドル~25,000米ドル未満/$10,000~$25,000 ☑ 25,000米ドル以上/$25,000 +
☑ 米国内送金/U.S. Domestic Wires	☑ 毎月/Monthly ☑ 毎四半期/Quarterly ☑ 毎年/Annually	☐ 10,000米ドル未満/$0~$10,000 ☑ 10,000米ドル~25,000米ドル未満/$10,000~$25,000 ☑ 25,000米ドル以上/$25,000 +
☑ 外国送金/International Wires (☑ 日本 ☑ 米国 ☐ その他( ))	☑ 毎月/Monthly ☑ 毎四半期/Quarterly ☑ 毎年/Annually	☑ 10,000米ドル未満/$0~$10,000 ☑ 10,000米ドル~25,000米ドル未満/$10,000~$25,000 ☑ 25,000米ドル以上/$25,000 +

ACH is an acronym of Automated Clearing House, an electronic fund settlement network for financial institutions in the U.S. The network enables the financial institutions to settle funds electronically, such as payroll direct deposits and payments of utility bills.

カリフォルニアアカウント・プログラム 7

また、オンラインバンキングの設定が終わったら、明細書の受け取りをオンラインにする設定をしましょう。何もしないままだと郵送で届きますが、それだと面倒なので、オンラインで届くように設定しておくことをおすすめします。

5 ユニオンバンクに海外送金する

オンラインバンキングの設定をしたあとは、ユニオンバンクにお金を送金してください。

やり方については、ユニオンバンクから届いた書類のなかに送金方法について書いてある資料があるので、そちらを読みながらやればできると思います。

なお、初回は500ドル以上を送金してください。

これは、口座維持手数料を取られないようにするためです。

Ｓａｖｉｎｇｓ ａｃｃｏｕｎｔであれば、口座に300ドル以上入っていれば、口座維持手数料を取られません。

ただ、送金時にいろいろな手数料が必要になるので、200ドル程度以上余裕をもたせ、500ドル以上を送金するようにするのがおすすめです。

また、送金は口座開設から60日以内におこなってください。

もし60日以内に送金しない場合、口座が閉じてしまいます。ご注意ください。

その後、しばらくしてオンラインバンキングを見て、送金した初回預金額がきちんと入っているか確認します。


ここまで、ユニオンバンクを使った方法について見てきました。

次は、ゴールドを買う方法などを書いていきます。

金（ゴールド）の購入

（第3章「金（ゴールド）」の節をまだ読んでいない方は、先にそちらを読んでから本節をお読みください）


ゴールドを入手するには、ＥＴＦと現物の2つの方法があります。

このうち、ゴールドについては、ＥＴＦで買うのがおすすめです。

ゴールドのＥＴＦというのは、直感的には、ゴールドの所有権みたいなものだと考えてください。

株や債券を持った経験のある人は、それのゴールド版みたいなものだとイメージするとわかりやすいと思います。

一方、現物はほんもののゴールドのことです。金ののべ棒を思い浮かべてください。それが現物です。

現物は、手元にゴールドがあるという感覚を得ること以外、メリットはありません。まず、購入時の手数料がＥＴＦに比べてずっと高いです。

また、保管も面倒です。貴重品なので、家においておくと盗まれるリスクがあります。多くの人は、家の盗まれにくい場所に隠すか、貸金庫などにしまうことになります。普通は高い保管料を払います。

購入する場合は、田中貴金属などの業者を通して買うことになりますが、あまりおすすめしません。

一方、ＥＴＦは手数料が安く、また現物を持つわけではないので盗難の心配もありません。

では、どんなゴールドのＥＴＦがおすすめなのでしょうか？

結論からいうと、ＳＰＤＲ Ｇｏｌｄ Ｓｈａｒｅｓという、アメリカで4兆円以上の信託金を集める大手ＥＴＦがおすすめです。

手数料は年間０・４％だけで、保管の手間もいりません。とても優れたＥＴＦで、大手の機関投資家にも活用されています。

ただ、これはアメリカで上場されているものなので、直接日本で買うことができません。

日本で買う場合、中身がまったく同じものが、東証に上場している（１３２６）ＳＰＤＲゴールドシェアです。

これを日本のオンライン証券会社で買うことで、手軽にゴールドに投資することができます。

（なお、１３２６という数字は、「銘柄コード」と呼びます。識別番号みたいなものだとイメージしてください。たとえばトヨタなら７２０３というコードが割り当てられています。本書で日本のＳＰＤＲゴールドシェアについて書く場合、アメリカのＳＰＤＲ Ｇｏｌｄ Ｓｈａｒｅｓと明確に区別するため、（１３２６）ＳＰＤＲゴールドシェアと頭に銘柄コードをつけて表記します）

ちなみに、この（１３２６）ＳＰＤＲゴールドシェアは、アメリカ本国のＳＰＤＲ Ｇｏｌｄ Ｓｈａｒｅｓに連動しています。

アメリカのSPDR Gold Sharesが上がると、基本的には日本の（1326）SPDR ゴールドシェアも上がります。

アメリカが下がれば、基本的には日本のも下がります。

両者の違いは、為替です。

たとえば2012年の10月から2015年の5月まで、アメリカ本国のSPDR Gold Sharesは170ドルから110ドルまでと30％以上下落しました。

（詳しくは、アメリカのYahooファイナンスで、SPDR Gold Sharesの10年チャートを見てみてください。URLはこちらです）

http://finance.yahoo.com/chart/GLD

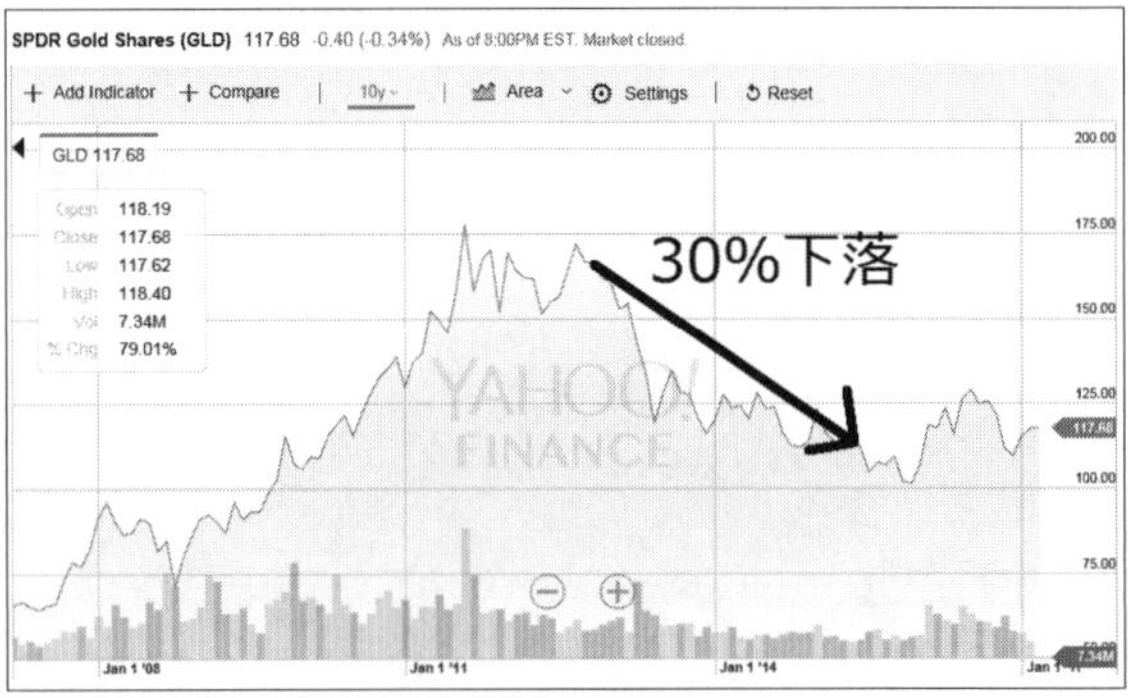

http://finance.yahoo.com/chart/GLD

しかし、同じ期間、日本の（1326）SPDR ゴールドシェアは14000円前後で変わっていません。

（詳しくは日本のYahooファイナンスで10年チャートを見てみてください。URLはこちらです）

http://stocks.finance.yahoo.co.jp/stocks/chart/?code=1326.T

これはなぜかというと、為替です。

アメリカ本国のSPDR Gold Shareはドル建てなのに対し、日本の（1326）SPDR ゴールドシェアは円建てです。

2012年10月に始まったアベノミクス相場により、ドル円は2012年10月は80円だったのが、2015年5月には120円を超えました。

なので、アメリカ本国のSPDR Gold Sharesが170ドルから110ドルまで下がっても、ドルを日本円に換算した（1326）SPDRゴールドシェアの価格はあまり変わらなかったのです。

このことから、たとえば財政破綻が起きて円安になり、ドル円がたとえば２００円になったりしたら、（１３２６）ＳＰＤＲゴールドシェアも上がるであろうことがわかります。

これに加えて、インフレ時に買われるゴールドの性質や、財政破綻に伴い資産防衛でゴールドが買われるという思惑も加わり、（１３２６）ＳＰＤＲゴールドシェアは、日本の財政破綻に伴い上がっていくはずです。

（１３２６）ＳＰＤＲゴールドシェアは、日本のオンライン証券会社に口座を開けば、購入することができます。

大半の人は、店頭で購入するメリットはありません。せいぜいＩＰＯ株の割り当てで多少優遇してくれる程度です。

http://stocks.finance.yahoo.co.jp/stocks/chart/?code=1326.T

オンライン証券のほうが手数料が安いので、こちらを使いましょう。

日本の大手のオンライン証券会社にはいくつかあります。

とりあえず、大手のＧＭＯクリック証券とＳＢＩ証券に口座を作っておけば大丈夫でしょう。

両社ともに手数料が比較的安く、それなりに豊富なサービスを提供しています。

２つ作っておくのは、どちらかがシステムトラブルなどで止まったときに、もう片方を使えるようにしておくためです。とくに財政破綻時には何が起きるかわからないため、あらかじめ口座を２社分作っておいたほうがよいと思います。

口座開設については、「ＧＭＯクリック」「ＳＢＩ」などで検索するなどして、ホームページからすることができます。

■ＧＭＯクリック証券

左上にある「口座開設」というところを押してください。

「証券取引口座」を選んでください。あとは画面の指示どおりに進めば開設できると思います。

■SBI証券

左上にある「はじめての方へ」というところを押すと口座開設画面に進みます。あとは画面の指示どおりに進んでください。

口座を開設したあとは、財政破綻の兆候があるまで、とくに何もせずにOKです。

財政破綻の兆候があったら、GMOクリック、SBIそれぞれの口座に入金します。

次に、ホームページに行き、ログインしてください。

そのうえで、GMOクリックなら上のほうにある「株式」タブを押し、「銘柄名/銘柄コード」というところに「1326」と入力します。SBIなら一番上の「株価検索」というところに、「1326」と入力します。

すると、(1326) SPDRゴールドシェアの購入画面に行きます。

あとは数量などを入力し、購入します。

(※なお、ゴールドのチャートをテクニカル分析する場合は、円ベースである(1326) SPDRゴールドシェアではなく、SPDR Gold Sharesなど必ずドルベースのものを

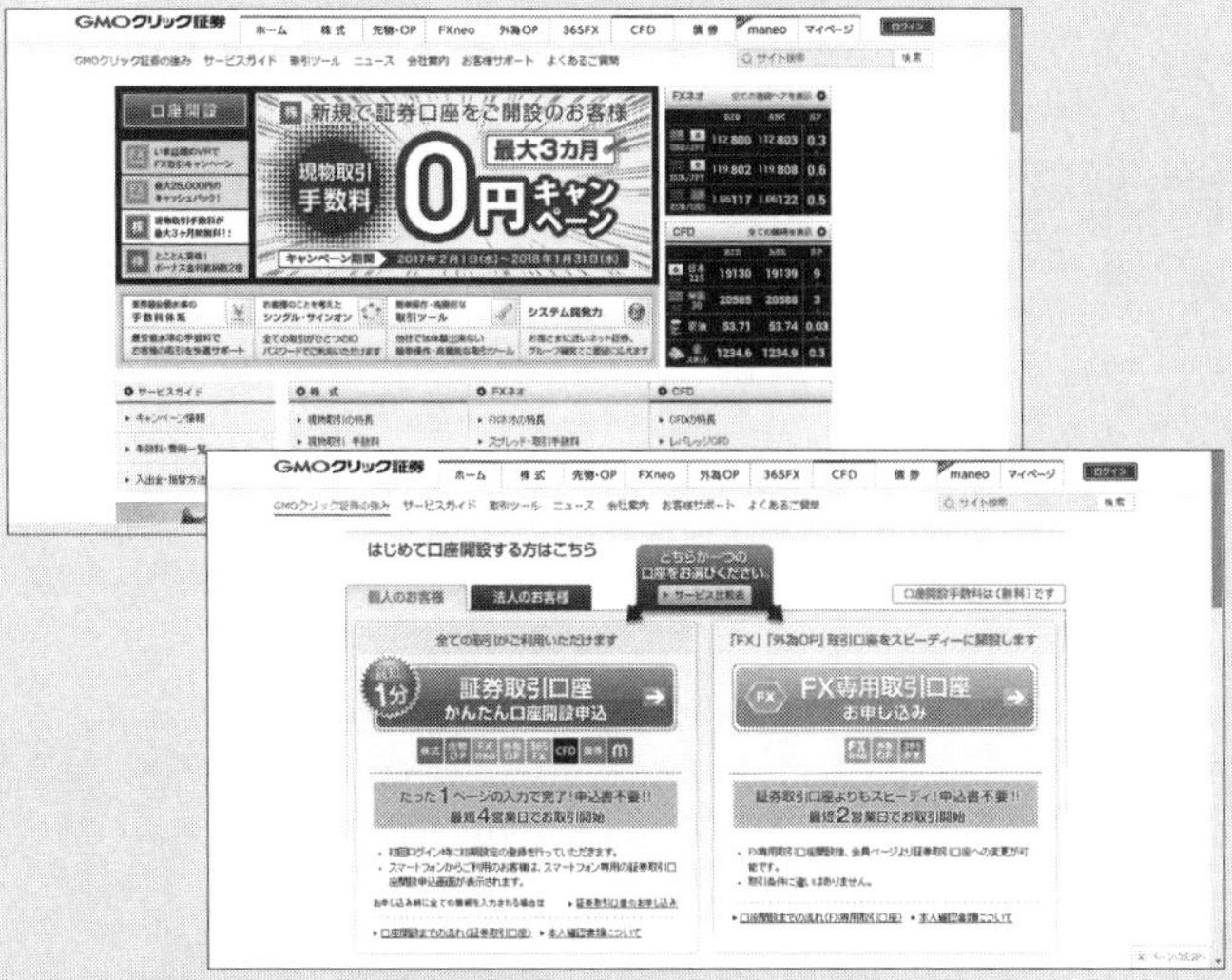

GMOクリック証券 https://www.click-sec.com/

SBI 証券 https://www.sbisec.co.jp/

見てください。円ベースでゴールドを見ているのは日本人だけであり、世界の人たちが見ているゴールドはドルベースです。円ベースで見ると、為替の影響が入ってきてしまいます。チャートをテクニカル分析をする場合も、ドルベースのものが基本になります）

なお、ＥＴＦとは何か説明していなかったので、補足で説明します。

一般的な投資信託は、投資家からお金を集め、運用会社がまとめて投資します。証券会社や銀行が売り込んでくるのがこれです。

持っている資産の価値が上がれば、投信の値段も上がります。

売買するのは１日に１回です。手数料にあたる信託報酬は年間１～２％かかることや、投資をする際に売買手数料が２％程度かかることもあります。

一方、ＥＴＦは上場投資信託といいます。「エクスチェンジ・トレード・ファンド」の頭文字をとったものです。

「エクスチェンジ」は証券取引所、「トレード」は取引するという意味です。つまり取引所で取引されるファンドということになります。

ＥＴＦは証券取引所でいつでも売買できます。手数料にあたる信託報酬は年間０・１％～１％程度のところが多いです。また売買手数料もたいてい０・１％程度です。

一般的な投資信託にくらべて、ＥＴＦは手数料や信託報酬が安くなっています。よほど優れた一部の投資信託を除き、合理的に考えると、ＥＴＦを買ったほうがお得なことが多いです。

なお、証券会社がときどき提供しているラップ口座は、詳しくは書きませんが、基本的にはあまりよくないので使わないほうがいいでしょう。

ビットコインの購入方法

（第3章「ビットコイン」の節をまだ読んでいない方は、先にそちらを読んでから本節をお読みください）

ユニオンバンクを使った外貨預金や、ゴールドへの投資と同様、ビットコインについても、とりあえず口座を開いておき、財政破綻の兆候が起きてからビットコインを購入することをおすすめします。

ただ、先ほど第3章で書いたとおり、ビットコインは価格の先読みが難しかったり、セキュリティ面のリスクがあるなどの難点があります。

ですので、大金を入れるのはおすすめしません。

現時点では、あくまで口座を開き、入金するにしても少額のお金にとどめておくことをおすすめします。

こうすることで、ビットコインへの理解がより深まるでしょうし、いざというときにすぐにビットコインを活用しやすくなります。

では、ビットコインの購入方法を紹介します。

いくつかの会社が、日本人向けにビットコインの販売をおこなっています。

国内にはビットフライヤー（bitflyer）やコインチェック（coincheck）など、大手企業がいくつかあります。

とりあえず、最大手のビットフライヤーに口座を作ってみて、どんなものか試してみるのがいいと思います。

ビットフライヤー社は、ゴールドマンサックス出身の加納裕三氏が設立した会社です。資本金は40億円近くあり、国内のビットコイン系企業ではトップです。ちなみに株主には三菱東京ＵＦＪ銀行系の会社やリクルートなど大手企業が揃っています。

以前は多少不安に思う点もありましたが、増資して資本金を上げてからはぐっと改善しました。ビットコイン系ではここを使うのがいちおしです。

「ビットフライヤー」で検索するか、以下のURLにアクセスしてください。

https://bitflyer.jp/ja/

画面に表示されるとおりにやると、新規口座開設の手続きができると思います。

口座を開設し、本人確認などの手続きをおこなったあと、銀行振込などでお金を振り込むと、ビットコインを購入することができます。ビットコインの購入金額は、基本的に自由に決めることができます。

ただし、先ほど書いたとおり、ビットコインにはリスクがあるため、当面の間は入金額は少額にとどめておいたほうがいいでしょう。

第3章のビットコインの節でも書いたとおり、財政破綻時にはビットコインが活用されることが増えてい

https://bitflyer.jp/ja/

くでしょう。

いまのうちから口座を開いておき、場合によっては多少入金してビットコインを買ってみることで、ビットコインがどのようなものなのか、感覚をつかめるはずです。

とりあえず口座を作って試してみるだけでも、意義はあると思います。


なお、ビットコイン以外の暗号通貨（総称してオルトコインと呼びます）の名前もときどき聞きます。

将来性など面白そうな通貨もあるものの、財政破綻対策としては、これらは一切おすすめできません。

なぜなら、ビットコインをはるかに上回るリスクがあるからです。価格変動リスクや流動性リスクが高いこと、内容を理解することがとても難しいことなどが理由です。

専門的になってしまうので詳しくは書きませんが、現時点では、オルトコインは投機以外の用途はないように見えます。

少なくとも資産防衛の観点からは、ビットコイン以外の暗号通貨（オルトコイン）を使う必要はありません。

また、ビットコインを匿名で購入したいとよからぬことを考える方もいるかもしれませんが、日本国内で匿名で購入する方法はおそらくありません。

ビットコインは便利な反面、犯罪やマネーロンダリングに悪用できる可能性があります。ですので、購入する際には基本的には本人確認が必要になります。

資産がまだあまりない人向けの資産防衛法

資産がまだあまりない方、とくに若い方が財政破綻対策をする場合、FXがおすすめです。

FX（外国為替証拠金取引）

（第3章「FX」の節をまだ読んでいない方は、先にそちらを読んでから本節をお読みください）

FXも財政破綻対策の役に立ちます。具体的には、財政破綻の兆候が見えたときに、FXを使ってそのときに安全な外貨を買う（＝ロングする）という手法になります。

FXをやる場合も、第4章「ゴールド」の節で紹介したGMOクリック証券やSBI証券が提供するFXサービスを使う人が多いです。

とりあえずは、第4章「ゴールド」の節で紹介したやり方で、この両社に口座を開いておいてください。

そうすると、上のほうにあるメニューにFXという箇所があります。ここを押すと、FXをすることができます。

この2社に口座を開いたうえで、多少入金しておき、財政破綻の兆候があったとき外貨を買うというのが、FXを用いた基本的な財政破綻対策になります。

なお、いくつか備考を書いておきます。

◆GMOクリックやSBIの欠点

実は、GMOクリックやSBIには、スプレッドが開きやすい・スリップしやすいなどの傾向があり、短期トレードには不向きです（スプレッドやスリップは専門用語なので、初心者の方はまだ覚える必要はありません）。

とくにGMOクリックはこの傾向が強いです。

ただ、財政破綻対策で使う場合、短期トレードというより中長期のトレードになります。この場合、スプレッドやスリップはあまり関係ないので、GMOクリック証券やSBI証券のFXサービスでよいと判断し、おすすめしています。

◆海外のFX業者はどうなのか

結論からいうと、ほとんどの方は、現時点では使う必要はありません。

ときどき海外のFX会社をおすすめするインターネットサイトがあります。たしかに、今後もし国内のFX業者が役に立たなくなった場合、海外のFX業者を使わざるをえないようになる可能性はゼロではありません。

ただ、細かくは書きませんが、海外のFX業者は危ない会社がたくさんあります。ひどい業者になると、入金したお金を再度出金しようとしても、出金を拒否されたりします。

もちろんよい業者もありますが、善し悪しを見分けるのは初心者の方には困難です。

当面は、日本国内のFX業者だけでよいでしょう。レバレッジも25倍と、海外のFX会社に比べたら初心者の方が使う際はずっと安全です。出金拒否のような意味不明なことも、日本の業者ならありません。

海外FX業者を使ってよいのは、FXの知識が豊富な人だけです。ほとんどの人は近寄らないほうがいいでしょう。

◆使ってはいけないFX会社

FXについては、R証券だけは使うのはやめましょう。どことは書きませんが、有名な大手の会社です（「FX会社一覧」とかで調べて出てくる会社のうち、名前が有名なところです）。ここは他社と異なる異常なスプレッドを提示したりと、めちゃくちゃなことをやってきた会社です。知名度にだまされてはいけません。

R証券は、株関係のシステムはそんなに悪くないのですが、FXについてはまったくおすすめできません。使っている人がいたら今すぐ使うのをやめたほうがいいと思います。

FXや為替は奥が深く、難しいです。

とくに、よく混乱しがちな円高や円安などの箇所を、もう少し書いてみます。

為替・ドル円・ドルについて直感的に理解する方法

為替相場の話はよくニュースになります。とくに米ドルがよく取り上げられます。「ドルが上がった」だの「円高が進んだ」だの流れますね。

しかし、為替について正確に理解している人はあまりいません。

　今回は、このあたりについて解説してみます。

　まず、米ドルと日本円の関係を考えるときは、「ドル」と呼ぶのをやめ、「ドル円」と呼びましょう。

　1ドル100円だとしたら、それは「ドル円が100円」だということを意味します。「ドルが100円だ」とはいわないよう気をつけてください。

　つづいて、「ドル円」をアルファベット表記するとUSDJPYとなります。USDはUnited States Dollar（アメリカドル）の略、JPYはJapanese Yen（日本円）の略です。それを並べると「ドル円」と呼ぶということです。

　ですので、「1ドル100円」とニュースで見るときは、「ドル円、つまりUSDJPYは100円だ」と認識してください。

　さて、ここからが本題です。

　このドル円（USDJPY）には、次のようなルールがあります。

　ドル円（USDJPY）について考えるときは、必ずドル（USD）と円（JPY）を分けて考えます。

つまり「ドル円（ＵＳＤＪＰＹ）は、ドル（ＵＳＤ）と円（ＪＰＹ）、どちらの要因で動いているんだろう？」と考えるのです。

そのうえで、次のようなルールがあります。

❶ＵＳＤが買われて上がり、ＪＰＹが変わらなかったら、ＵＳＤＪＰＹは上がる
❷ＵＳＤが売られて下がり、ＪＰＹが変わらなかったら、ＵＳＤＪＰＹも下がる
❸ＵＳＤが変わらず、ＪＰＹが買われて上がったら、ＵＳＤＪＰＹは下がる
❹ＵＳＤが変わらず、ＪＰＹが売られて下がったら、ＵＳＤＪＰＹは上がる

※わかりやすく説明するため、あえて単純化しています。為替に詳しい人は、「片方の通貨を固定していいのか？　両方動く場合もあるだろう？」と思うでしょうが、あえて「変わらず」としているので念のため……

これは、「ＵＳＤＪＰＹは、ＵＳＤが正比例、ＪＰＹが反比例する」とイメージするとわかりやすいでしょう。

つまり、こういうことです。

◆ＵＳＤが上がるとＵＳＤＪＰＹも上がるし、ＵＳＤが下がるとＵＳＤＪＰＹも下がる。つまりＵＳＤとＵＳＤＪＰＹの間には正比例（正確に書くと正の相関）の関係がある。

●ＪＰＹが上がるとＵＳＤＪＰＹは下がるし、ＪＰＹが下がるとＵＳＤＪＰＹは上がる。つまりＪＰＹとＵＳＤＪＰＹの間には反比例（正確にいうと負の相関）の関係がある。

ちなみに、

◆ドル（ＵＳＤ）が買われること＝ドル買い＝ドル高
◆ドル（ＵＳＤ）が売られること＝ドル売り＝ドル安
●円（ＪＰＹ）が買われること＝円買い＝円高
●円（ＪＰＹ）が売られること＝円売り＝円安

となります。

これらのルールは、暗記してしまってもよいです。

ただ、いきなりこんなことをいわれても、ピンとこないでしょう。

具体的に説明します。

たとえばもし、ドル円（ＵＳＤＪＰＹ）が１２０円から１００円になったとしましょう。

このとき、ドル円は１２０円から１００円に下がっています。

ドル円が下がっているのは、２６２ページの❶～❹だと、❷と❸です。

ですので、１２０円から１００円に下がった理由は、
❷の「ドル（ＵＳＤ）が売られて下がったから」というものか、
❸の「円（ＪＰＹ）が買われて上がったから」というものか、
のどちらかになります。


ＵＳＤＪＰＹとＵＳＤは正比例、ＵＳＤＪＰＹとＪＰＹは反比例するので、ＵＳＤＪＰＹが下がったときはＵＳＤが売られ下がったか、ＪＰＹが買われ上がったかのどちらかなのです。

よく、ドル円が１２０円から１００円になったとき、ニュースではよく「円高でドル円が下がった」と表現する人がいますが、この説明は間違っていることがあります。

なぜなら、120円から100円になった理由は、ドル（ＵＳＤ）が売られてドル安になったからかもしれないし、円（ＪＰＹ）が買われて円高になったからかもしれないからです。

円高ではなく、ドル安が原因となって、120円から100円になったかもしれないのです。

さて、鋭い人はもしかしたらこう考えるかもしれません。

「もしＵＳＤが買われ上がりドル高になり、ＪＰＹも買われ上がり円高になった場合、ドル円（ＵＳＤＪＰＹ）はどうなる？

ＵＳＤとＵＳＤＪＰＹは正比例なので、ＵＳＤが上がったらドル円（ＵＳＤＪＰＹ）も上がる。

一方、ＪＰＹとＵＳＤＪＰＹは反比例なので、ＪＰＹが買われ円高になったらドル円（ＵＳＤＪＰＹ）が下がる。

ＵＳＤもＪＰＹも両方上がってるなら、ＵＳＤＪＰＹはどうなっちまうんだ？」

非常によい質問です。

正解は、「より大きく買われたほうに引きずられる」です。

つまり、ＵＳＤがむちゃくちゃ買われて上がり、ＪＰＹがちょっと買われたくらいなら、ＵＳＤＪＰＹはＵＳＤ要因に引きずられて上がるのです。

なお、本書はＦＸの本ではないので詳しくは書きませんが、もしよくわからない箇所がある場合、書店で自分にあった入門書を探して買ってみるといいと思います（おすすめの本は、巻末に書いた羊飼いさんの本です）。

ちなみに、私は、財政破綻対策以外のＦＸトレードを普通の人がすることはすすめていません。というかやらないほうがいいです。

それでももし仮に、「ＦＸをどうしてもやりたい」という初心者の方がいた場合、まず半年くらい10万円だけ入金してやってみてください。

このやり方だと、自分にＦＸの適性があるかどうかを少額のうちに判断することができます。なぜなら、10万円入れて半年やって増えない場合、あなたはＦＸの才能がない可能性が高いからです。少額で増えないような人が大金入れて増えるわけがありません。また、短期的に勝っても半年もやれば運の要素がなくなり、実力どおりになります。

もし仮にこれからＦＸをやりたいという初心者の方がいたら、自分にＦＸの適性があるか見極めるためにも、半年間は10万円だけでやってみてください。これによって、たとえば退職金を注ぎ込んでフルレバレッジかけてふっとばすような悲劇を防ぐことができます。

column

「経済成長している国の通貨は上がる」というのは間違いであり、インフレは通貨の価値を減らす

先日、「インドは経済成長しているから上がる。アメリカの大手企業もインドに投資している。だからインドの通貨であるルピーは買われる」といううたい文句で、インドルピー建ての投信を勧誘をしている金融機関の話を耳にしました。

しかし、経済成長すると国の通貨が上がるという話に根拠はありません。

現実もそれを裏づけています。

たとえば、このルピー円の10年チャートを見てください。

そうすると、10年間で1ルピー3円から1ルピー1・5円になってることがわかります。

この間、インドは高い経済成長を続けています。

しかし、ルピー円は上がるのではなく、下がっています。

（ちなみに、10年前は1ドル100円ちょいくらいで、いまの水準とそんなに変わりません。つまりインドは経済成長したのに、ルピーの要因でルピーが下がっているということになります）

もっと長いデータだと、このようなものもあります。

これは、1980年からいままでのルピー円のチャートです。

1ルピーがどんどん下がっているのがわかると思います。

この間、インドは急速な経済発展をしているの

出典：楽天証券 インドルピー/円為替レート）

で、「経済成長すればルピー円が上がる」という主張は間違っています。

ちなみにインドは、インフレ率が5%くらいあります。

インフレ率が高い国の通貨は一般的に、減価し、売られ、下がっていきます。

10年間の動きを見ると、現実もこれを裏づけています。

「経済成長する国の通貨は買い」というのは間違っていることや、インフレしている国の通貨は売られていきやすいことは、覚えておいてください。

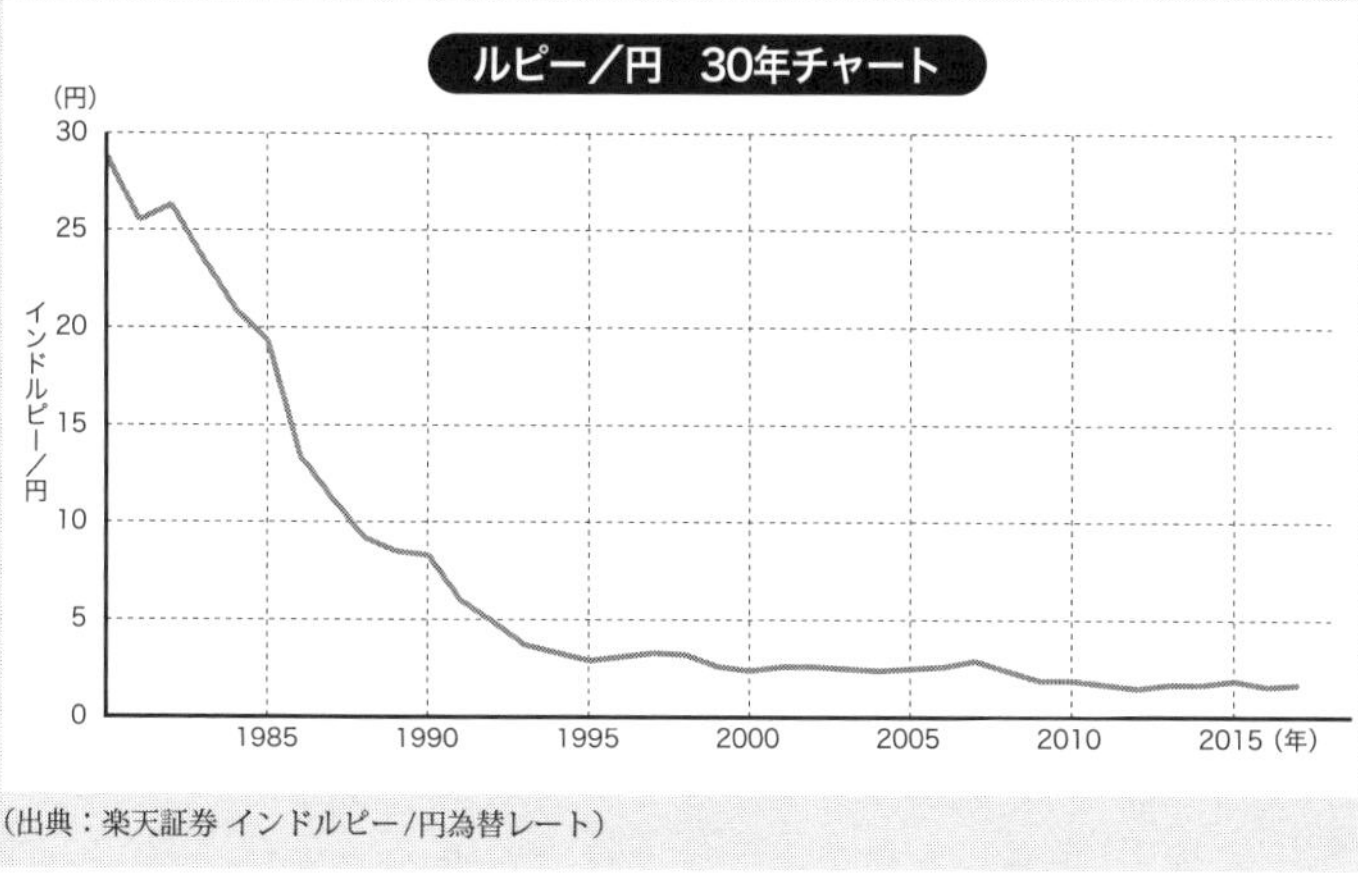

(出典：楽天証券 インドルピー/円為替レート)

あとがき

本書を手にとっていただいたこと、また貴重なお時間を割いて本書を読んでいただいたことに、深く感謝いたします。どうもありがとうございました。

もしかしたら、途中読んでいてわからなかった箇所もあるかもしれません。

あるいは「こんな財政破綻対策法はどうでしょう」「こんな面白い情報がありますよ」「ここは間違っていると思います」「こんなアイデアを考えつきました」など、いろいろなご意見・ご感想を抱いた方もいらっしゃるかと思います。

その場合は、巻末の連絡先までお気軽にご連絡いただけましたら幸いです。すべてにお返事できるかはわかりませんが、届いたメッセージはすべて拝読いたします。

また、本書の出版とあわせて、「財政破綻兆候通知速報」というものも始めました。

これは、いよいよ財政破綻が明日起きそうだというときなどに、登録者の方にＬＩＮＥやメールで通知・速報するというものです。

財政破綻の具体的な兆候があるとき、より多くの人にそのことをいち早くお伝えしたいと考え、このようなものをボランティアでやろうと思い立ちました。大してお金がかかるようなものでもないので、無料で運営しています。

財政破綻が実際に起きる場合、日本政府の動きや金融市場に、さまざまな兆候が起きます。

とはいえ、その兆候を、経済や金融に詳しくない方が察知するのは難しいです。

なので、かわりに私が各分野の専門家たちと協力しながら、日々チェックをおこない、いよいよ危機が起きそうなときに、ＬＩＮＥやメールで登録者の方にご連絡いたします。

これを受けたうえで、事前に開いておいた口座で、外貨預金・ゴールド・ＦＸ・ビットコインなどを使えば、財政破綻に対しより迅速に対応できるはずです。

また、おそらくそのときの状況は刻一刻と変化していることが予想されます。状況に応じて、どの資産をどう動かせばいいかということもあわせてご連絡いたします。

ＬＩＮＥでの登録については、ＬＩＮＥの「友だち追加」↓「ＩＤ/電話番号」で

@zaiseihatan　↑＠（アットマーク）は必ず入れてください。

で検索・追加してください。

あるいは、私が運営しているウェブサイト

財政破綻への備えを考察するサイト　https://zaiseihatan.com/

にＬＩＮＥが入ったスマホからアクセスし、「友だち追加」ボタンを押すことでも登録できます。

メールで登録する場合は、次のメールアドレスに、件名と本文に「登録希望」とだけ書いて送ってください。

zaiseihatancom@gmail.com

とくに折り返しの返信などはしませんが、これで登録完了となります。

普段は何も配信しませんので、鬱陶しくはないと思います。

無料でご利用いただけますので、ぜひご登録ください。

なお、本書を執筆した最大の動機は、日本の財政や社会保障の深刻さを少しでも多くの方に知っていただきたいというものです。

これが本書を執筆した最大の理由です。

財政や社会保障は、お堅い世界です。

専門家や仕事で関わる人以外、あまり興味を持ってもらえない分野です。

それもあって、財政も社会保障も本当に根深い問題を抱えているのに、その深刻さが世間にはいまいち伝わっていません。

何かよい方法はないものか……と議論したり思案するなかで、「財政破綻対策という興味のわきやすいテーマで手にとっていただければ、あわせて財政や社会保障の現状も知っていただけるのでは」というアイデアに至ったことから、本書の企画がスタートしました。

「財政や社会保障の問題の解決はおそらく不可能だが、その深刻さをひとりでも多くの方に知ってもらうことで、多少なりとも問題解決に貢献したい」という思いが、本書を執筆する原動力になりました。

面白さやわかりやすさのため、多少おおざっぱな表現をした箇所もありますが、大きくはずしてはいないと思っています。

もしまわりに本書の内容に興味を持ちそうな人がいたら、いろいろ教えてあげてください。

また、本書を読まれた政府機関の方のなかには、「財政破綻やハイパーインフレを想定するなんてけしからん」と、激怒された方もいるかもしれません。

しかしそれは誤解です。

私は、日本の破綻を願っているのではありません。

財政や社会保障をなんとかしたいという気持ちは、政府機関の皆さんと同じです。

そもそも、日本政府は財政規律を維持するのに失敗しています。

財政や社会保障の深刻さを広く知ってもらおうとしても、成果を出せていません。

(とくに広報体制には大きく改善の余地があります。そもそも政府機関はなんであんなに読みづらい広報資料ばかり作るのでしょうか)

結局、有権者を説得できずにいます。

このことに歯がゆい思いを抱いている政府機関の方が多くいるのは、知っています。

その結果、とりわけ若い人たちは、自分のせいではない借金を強制的に押し付けられ、苦しんでいます。

日本の唯一の希望である若い彼ら彼女らを救い、未来の日本を明るくするためにも、まずは現状を多くの人に知ってもらうことが必要です。

もし仮に財政問題が解決しなかったとしても、ごく一部の会社やお金持ちのみならず、普通の人までも財政破綻から資産をうまく守ることができたら、これがリスクヘッジとなり、日本の未来は少し明るくなるでしょう。

一人でも多くの人が時代を乗りきって生き延び、未来の明るい日本を作るために間接的に貢献できるのであれば、これ以上に嬉しいことはありません。

本書がそのためのお役に立てたら、大変光栄に思います。

なお、もし私と実際に会ってお話ししたいという方がいらっしゃれば、ご連絡ください。私も、なるべくいろんな方にお目にかかり、お話をお伺いしたいと思っています。お気軽にご連絡いただけたらと思います。

最後に、本書の執筆にご協力してくださった皆様に、感謝の気持ちを申し上げます。お世話になった方々はあまりに多く、もし名前の漏れがでると申し訳ないので、逐一名前を挙げることはいたしません（なお、仮に本書の内容に間違いなどがありましたら、それらはすべて著者の責任です）。

皆様、本当にありがとうございました。重ねてお礼を申し上げます。

※著者の連絡先はこちらになります。ご質問、ご意見、ご感想、情報提供など、お気軽にご連絡ください。

Facebook：香川 健介
https://www.facebook.com/zaiseihatancom

Twitter：IDはkensukekagawa
URLはhttps://twitter.com/kensukekagawa

なお、経済や財政、社会保障についてさらなる勉強をしたいという方向けに、おすすめの本を書いておきます。少し難しめの本も含まれていますが、どれも学びの多い本だと思います。

早川英男◉『金融政策の「誤解」――〝壮大な実験〟の成果と限界』慶應義塾大学出版会 2016年
八代尚宏◉『シルバー民主主義――高齢者優遇をどう克服するか』中央公論新社 2016年
久保田博幸◉『図解入門ビジネス 最新債券の基本とカラクリがよ～くわかる本』秀和システム 2016年

河村小百合◉『中央銀行は持ちこたえられるか――忍び寄る「経済敗戦」の足音』 集英社 2016年
権丈善一◉『ちょっと気になる社会保障』 勁草書房 2016年
森信茂樹、佐藤主光、梅澤高明、土居丈朗◉『税と社会保障でニッポンをどう再生するか』 日本実業出版社 2016年
小黒一正◉『預金封鎖に備えよ マイナス金利の先にある危機』 朝日新聞出版 2016年
駒村康平◉『日本の年金』 岩波書店 2014年
池上直己◉『医療・介護問題を読み解く』 日本経済新聞出版社 2014年
松元崇◉『「持たざる国」への道――「あの戦争」と大日本帝国の破綻』 中央公論新社 2013年
三菱東京UFJ銀行円貨資金証券部◉『国債のすべて――その実像と最新ALMによるリスクマネジメント』 きんざい 2012年
西沢和彦◉『税と社会保障の抜本改革』 日本経済新聞出版社 2011年

第4章に書いた、FXの入門用におすすめの本はこちらです。

羊飼い◉『超ど素人が極めるFX』 翔泳社 2016年

また、本書の関連分野において、おすすめのメディアやブログなどもご紹介します。いずれも無料で読めますし、内容も面白く、勉強になります。

溜池通信 ◉ http://tameike.net/report.htm
やまもといちろうゼミ　社会保障学入門 ◉ http://www.minnanokaigo.com/news/yamamoto/
医療政策学×医療経済学 ◉ https://healthpolicyhealthecon.com/

２０１７年３月

香川健介

10万円《まんえん》からできる！
お金《かね》の守《まも》り方《かた》教《おし》えます

著　者　香川健介《かがわけんすけ》

発行所　株式会社　二見書房
〒101-8405
東京都千代田区三崎町2-18-11 堀内三崎町ビル
電話　03（3515）2311［営業］
　　　03（3515）2313［編集］
振替　00170-4-2639

印刷所　株式会社 堀内印刷所

製本所　株式会社 関川製本所

ブックデザイン　河石真由美（有限会社CHIP）
DTP組版・図版　有限会社CHIP
編集協力　企画のたまご屋さん

落丁・乱丁本は送料小社負担にてお取替えします。
定価はカバーに表示してあります。

ISBN978-4-576-17044-2 C0033
http://www.futami.co.jp